Stephan de Vogel

FC St. Pauli

**(kommt wie Phönix aus der Asche,
und steckt sie alle in die Tasche...)**

Ein Fußballmärchen

Gedichte zur Hinrunde der Saison 2021/2022

1. Auflage Januar 2022

© by Stephan de Vogel
Herstellung und Verlag: BoD – Books
on Demand, Norderstedt
ISBN: 9783755723479

Bildrecht auf dem Cover: Pexels
Bildrechte Seiten 36 und 166: Pexels
Bildrecht Seite 163: Stephan de Vogel
Bildrecht Seite 164: Witters GmbH
Bildrecht Seite 165: Christian de Vogel
Bildrecht Seite 167: Pixabay

Kontaktadresse: StdeVo1@aol.com

Vorwort in eigener Sache

Schon vor Saisonbeginn hatte ich beschlossen, es noch einmal zu tun: Die gesamte Saison des FC St. Pauli dichterisch zu begleiten. Und ich dachte tatsächlich, es würde eine Saison wie immer in meinem Fanleben geben.aber wie heißt es so schön bei Forrest Gump? *Das Leben ist wie eine Schachtel Pralinen. Man weiß nie, was man kriegt!* Ausgerechnet am Freitag den 13. verlor ich langsam meine Sehkraft. Und ich war im Stadion und erlebte den glorreichen Sieg gegen den HSV. Doch schon in der 2. Halbzeit konnte ich nicht mal mehr die Uhrzeit auf der Anzeigetafel erkennen.

Eine Woche später lag ich in der Augenklinik auf dem OP-Tisch; ich hatte einen Riss in der Netzhaut, der so schnell wie möglich operiert werden musste. Und nach der OP erfuhr ich noch, dass ich innerhalb des nächsten Jahres am Grauen Star erkranken würde. Dann wäre die nächste Operation fällig...

Aber trotzdem hatte ich auch riesengroßes Glück im Unglück: Denn wäre ich so wie geplant zwei Tage nach dem Lokalderby nach Gran Canaria geflogen, dann hätte ich nach Meinung der Ärzte während des Fluges mein Augenlicht verloren.

Und so musste ich lange Zeit eine Form des Dichtens entwickeln, die es so vorher nicht gegeben hatte. Ich konnte zwar noch schreiben, aber nicht mehr lesen. Und zum Glück verlor ich dabei nicht meinen Humor. Denn diese „dunkle Episode" zog sich über 2 ½ Monate hin.

Und deshalb verzeih, lieber Leser, Gedichte haben nun mal sehr viel mit Gefühlen zu tun. Und deswegen jammere ich hier auch manchmal etwas rum. Und verfehle möglicherweise ab und an das eigentliche Thema, den FC St. Pauli.

Obwohl... im Grunde genommen könnte ich das Buch auch *You'll never walk alone* nennen, denn das ist das eigentliche Thema, im YNWA-Text und im Leben. Dass man den Kopf oben behält. Auch im stärksten Sturm, und auch in der größten Scheiße, in der man im Leben stecken mag. Und dass man weitergeht, und nicht aufgibt, egal, was kommt. Und wer kein Herz aus Stein hat, dem geht es halt auch mal so richtig beschissen, wenn er durch eine lange Dunkelheit muss. Aber er geht hindurch, und hofft darauf, dass irgendwann die Sonne wieder scheinen wird. Also: You'll never walk alone!!!

Und deshalb bin ich eben St. Pauli-Fan, und ich werde es immer bleiben!

Viel Spaß beim Lesen!

25.07.2021

Auf ein Neues...

Der beste Club auf dieser Welt,
jeder Spieler ist ein Held

Klar bin ich oft nicht objektiv,
und mein Blick ist oft mal schief...

Dichterisches Vorwort

Nun mach ich mich
doch wieder auf,
und schreibe zum
Saisonverlauf

Ob ich das einst
wohl mal bereue?
Egal!!!, weil ich mich
heute freue

Worauf lass ich
mich wieder ein?
Werde ich fluchen
und auch schreien?

Wird mein Verein
mich fertig machen?
Vergeht mir hier
deshalb das Lachen?

Die Antworten?
Das ist banal,
das ist mir *heute*
doch egal

Heute ist
das Hier und Jetzt
Vielleicht lach ich
ja auch zuletzt

Und muss ich doch
durchs Tal der Schmerzen:
Pauli ist immer
in meinem Herzen

Bevor ich noch mehr Platz vergeude:
Heute ist ein Tag der Freude...

Saison 2021/2022

1. Spieltag
St. Pauli : Kiel (3:0)

Ein Traumstart

Was soll ich nur
dazu sagen?
Die Sprache tut's
mir fast verschlagen

Mineralwasser
im Glas,
und ein Saison-
Auftakt nach Maß

Da fange ich
schon an zu träumen
(Das Aufwachen
will ich versäumen...)

Konstanz ist das,
wovon ich träume,
und in den Himmel
wachsen Bäume...

Das liegt St. Pauli
wohl im Blut
Hin- <u>und</u> Rückrunde
niemals gut

Eins davon meist
wie die Weltmeister,
das andere voll
der Scheibenkleister

St. Pauli kann
das ja mal brechen
Und in die See
werden wir stechen

Wir, die Freibeuter
der Liga,
wie oft gehen wir
vom Platz als Sieger?

Ich verneige mich
und mach die Welle
Vom 1. Spieltag,
die Tabelle:

1	Dynamo	1	1	0	0	3	0	3	3	✓○○○○
2	St. Pauli	1	1	0	0	3	0	3	3	○○○○○
3	HSV	1	1	0	0	3	1	2	3	✓○○○○
4	KSC	1	1	0	0	3	1	2	3	✓○○○○
5	Düsseldorf	1	1	0	0	2	0	2	3	○○○○○
6	Jahn Regens...	1	1	0	0	2	0	2	3	✓○○○○
7	Hannover 96	1	0	1	0	1	1	0	1	➖○○○○
8	Werder Bremen	1	0	1	0	1	1	0	1	➖○○○○
9	FC Erzg... 0-0	1	0	1	0	0	0	0	1	○○○○○
10	Heidenheim	1	0	1	0	0	0	0	1	➖○○○○
11	FCN 0-0	1	0	1	0	0	0	0	1	○○○○○
12	SC Paderborn	1	0	1	0	0	0	0	1	➖○○○○
13	Hansa Rostock	1	0	0	1	1	3	-2	0	✗○○○○
14	Schalke	1	0	0	1	1	3	-2	0	✗○○○○
15	Darmstadt 98	1	0	0	1	0	2	-2	0	✗○○○○
16	SV Sandhausen	1	0	0	1	0	2	-2	0	○○○○○
17	Holstein	1	0	0	1	0	3	-3	0	○○○○○
18	Ingolstadt	1	0	0	1	0	3	-3	0	✗○○○○

Die beste 2. Liga aller Zeiten

Die beste 2.
aller Zeiten,
das kann wohl
keiner hier bestreiten

Rostock, Dresden,
Paderborn,
viel gute Clubs,
hinten und vorn

Aue, Nürnberg,
Holstein Kiel,
davon bekomm ich
nie zu viel

Darmstadt und auch
Ingolstadt,
seid ihr immer
noch nicht satt?

Hannover, Düsseldorf,
Heidenheim
(immer gut
für einen Reim...)

Weshalb ich mit
den Korken knalle?
Das waren immer
noch nicht alle...

Sandhausem, der KSC
(KSC ole, ole)
Eine Superliga 2,
Regensburg ist auch dabei

HSV, Schalke,
Werder Bremen
Und Pauli braucht sich
nicht zu schämen

St. Pauli ist
auch mit dabei
(und wir starten
auf Platz 2!)

Saisonrückblick Hinrunde 2020/2021

Bevor das hier noch zur reinen Jubelarie wird,
blicken wir zurück.
Folgendes Gedicht hätte ich bei vielen Heim-
spielen der Vergangenheit schreiben können ((-;)

St. Pauli-Depression

Ich steh hier schon fast 10 Minuten,
unter mir, da stehen die Fluten,
denn ich muss noch immer pissen
und das Spiel war *so* beschissen

Pauli und Bier zur Mittagszeit
ist nicht schön, ich bin nicht breit,
was mir vielleicht wohl helfen würde:
Das Fan-sein, das ist eine Bürde

Immer wieder St. Pauli
Spitzen-Fußball? - eher nie
Jetzt ist wieder Abstiegskampf
Und jedes Spiel ist nur noch Krampf

Ich fühl mich wie mein eigener Klon -
und sing *You'll never walk alone*
Jetzt wär ich gern weit weg (in Schweden)
St. Pauli?, will nicht drüber reden...

Und täglich grüßt das Murmeltier,
heute half noch nicht mal Bier,
um sich das Spiel schön zu trinken:
Wir gehen unter, wir versinken!!!

Wo wir beim Thema Depressionen und Fußball sind: Noch etwas weiter zurück, zum Ende der Saison 2019/2020, so gut wie abgestiegen... Das Gedicht hatte die Hamburger Morgenpost leider nicht als Leserbrief abgedruckt...

Das hat mit Fußball nichts zu tun (ein schlechtes Gedicht)

Es ist so hart, und doch so wahr:
Vielleicht ist bald das Ende nah,
dann spielen wir in der 3. Liga
(aber wir bleiben Derby-Sieger!)

Das Leben...
Nicht nur Corona macht es schwer,
auch Fußballfans, die leiden sehr
(besonders in Hamburg!!!)

Darauf ein Astra, das Bier der Biere,
und nun geht's los, vorsicht Satire...

Ein Trainer-Gedicht

FC St. Pauli macht mich traurig,
was für ein Alptraum, wirklich schaurig
Was hier jetzt kommt, ist fürchterlich,
denn es ist ein Trainer-Gedicht

Wenn wir ihn noch länger behalten,
ja dann bleibt alles wohl beim Alten
Ein Trainer wie ein Supergau
(bezahlt ihn auch der HSV? (-;)

St. Pauli führt er stur ins Grab
Und wegen ihm steigen wir ab
Das einzig Gute an Liga 3?
Der Trainer – wohl nicht Luhukay!

Und wir sind wieder in der Hinrunde der letzten Saison. Und die hatte so gut angefangen...

Le Moment (Der Moment)

Das Herz, mal brennt es, mal tut es weh,
es schlägt noch immer für den FC
Wir sind in die Saison gestartet -
Es lief ganz anders, als erwartet

Zwei Mal gespielt – und nicht verloren,
ein Goalgetter ist neu geboren
St. Pauli? - Vorne mit dabei,
6:3 Tore und Platz 2

Was morgen kommt? - Ist so egal!
Der Augenblick: phänomenal
Denk nicht an Zukunft, schau nicht zurück,
was zählt, das ist der Augenblick

Heute, da denk ich nicht an morgen
Heute, da gibt es keine Sorgen
Was zählt, das ist der Augenblick,
und heute bade ich im Glück!!!

Corona-Derby

Der November, er wird grau
Und heute Derby (HSV)
Heute geht es um Derby-Fieber
(das mag ich doch ein bisschen lieber)

Corona bestimmt unser Leben,
so was hat es noch nie gegeben
Gäb's nicht den Fußball zum Ablenken,
könnt ich mir das Gedicht hier schenken

Corona-Lockdown, in 3 Tagen,
und dazu kann ich nicht viel sagen
Außer: ein paar Stunden da nichts von wissen,
das ist ja mal nicht so beschissen

Warum ist Fußball so was wie Glück?
Darum: es zählt der Augenblick
Wenn auf dem Platz 2 Teams sich messen,
dann kann man vielen Scheiß vergessen

Noch ist die Zukunft nicht verloren,
und das Derby auch nicht,
der Reim, er ist unausgegoren,
meinetwegen, OK: er taucht nicht

Den Weltfrieden, den hätt ich gerne,
und Corona eher nicht
(außer zum Trinken, im Glase versinken...)
Wie gesagt: nie wieder Krieg,
und heute noch den Derbysieg

Und auch mit dem Derbysieg wurde es dann nichts. Immerhin schafften wir ein 2:2-Unentschieden gegen den HSV. Ein seltener Lichtblick der Hinrunde. Denn nach anfangs 6 Punkten aus 2 Spielen ging es bis Dezember im Sturzflug steil bergab. Und aus dieser Zeit gibt es so gut wie gar keine Gedichte, denn neben einem desolaten FC St. Pauli schlug auch Corona gewaltig auf meine Stimmung. Schlechte Spiele machen eben keinen Spaß, und schlechte (negative) Gedichte auch nicht...

Und ich frage mich gerade, wie wir in der Hinrunde noch 10 Punkte geschafft haben, denn es ging ja erst ab Dezember 2020 langsam aufwärts, da waren wir 18. und hatten die Rote Laterne. Tja, das lag an Corona, denn die Hinrunde endete erst am 24. Januar 2021.

Und hier ist sie nun (nicht live, aber in Farbe): Die Hinrundentabelle 2020/2021:

| Tabelle | » Hinrunde | Rückrunde | 1. Halbzeit | 2. Halbzeit |

#	Mannschaft		Sp.	S.	U.	N.	Tore	Dif.	Pk.
1		Hamburger SV	17	11	3	3	40:21	19	36
2		VfL Bochum	17	10	3	4	32:17	15	33
3		Holstein Kiel	17	9	5	3	28:17	11	32
4		Fortuna Düsseldorf	17	9	4	4	27:22	5	31
5		SpVgg Greuther Fürth	17	8	5	4	33:23	10	29
6		Hannover 96	17	8	2	7	28:20	8	26
7		Karlsruher SC	17	8	2	7	30:26	4	26
8		1. FC Heidenheim 1846	17	7	5	5	23:21	2	26
9		Erzgebirge Aue	17	7	4	6	25:21	4	25
10		SC Paderborn 07	17	7	4	6	22:19	3	25
11		VfL Osnabrück	17	6	4	7	20:27	-7	22
12		1. FC Nürnberg	17	5	5	7	25:28	-3	20
13		Jahn Regensburg	17	5	5	7	21:25	-4	20
14		SV Darmstadt 98	17	5	3	9	27:32	-5	18
15		FC St. Pauli	17	3	7	7	23:30	-7	16
16		SV Sandhausen	17	4	3	10	18:35	-17	15
17		Eintracht Braunschweig	17	3	5	9	16:36	-20	14
18		Würzburger Kickers	17	2	3	12	18:36	-18	9

Aufstieg
Relegation
Relegation
Abstieg

Tab99la Feed

18

Wir nähern uns dem 2. Spieltag der laufenden Saison. Aber vorher muss ich noch etwas gestehen: Leben bedeutet Leiden. Mehrere Jahre lang hatte ich fast zu jedem Spiel meinen dichterischen Senf dazugegeben. Aber das konnte ich nicht mehr, das ging über meine Kraft. Ich war nicht mehr in der Lage, bei Sky ein komplettes Spiel des FCSP anzusehen. Denn die Erfahrungen der Vergangenheit hatten mich gelehrt, dass das Spiel erst zu Ende ist, wenn der Schiri abpfeift, und dass beim FC oft nicht mal eine 2:0 oder 3:0 Führung reichte, um das Spiel zu gewinnen. Seltsam: Warum denke ich dabei auch an unseren Nachbarn in Hamburg, den HSV?

Auch als Pauli schon die beste Mannschaft der Rückrunde war, hatte ich mein Vertrauen immer noch nicht zurückgewonnen, schlimm, oder?

Und so kamen in der Rückrunde der letzten Saison nicht mal eine handvoll Gedichte zusammen...

Beginnen wir mit dem allerwichtigsten Spiel:

01.03.2021 St. Pauli : HSV (1:0)

Und jetzt bin ich erschüttert: dazu habe ich kein Gedicht geschrieben, also muss ich noch weiter in die Vergangenheit reisen, zu einem historischen Sieg gegen den Stadtrivalen...

16.09.2019 St. Pauli : HSV (2:0)

Derbysieg!!!

FC St. Pauli (Überflieger) -
Jetzt sind wir wieder Derbysieger
Sind wieder Meister dieser Stadt,
und drehen alle voll am Rad

Gestern, kein bisschen übertrieben,
da wurd Geschichte mal geschrieben

Vor einer langen, langen Zeit
(vor einer knappen Ewigkeit),
gab es nen Sieg am Millerntor,
wo dann der HSV verlor

Und das war vor des Dichters Leben,
ihn hat es da noch nicht gegeben
Fast 60 Jahre ist es her,
drum steppte gestern auch der Bär

Stadtmeisterschaft, das rockt total
ist unser einziger Pokal
Bin nicht am Boden, nein, ich flieg,
das fühlt sich an wie Champions League

Unglaublich, echt: Wir haben gewonnen!
Der Traum hat gerade erst begonnen...
Wir sind die Größten,
und singen im Chor:

Am Schönsten ist's
am Millerntor!!!

Ein Riese und kein Fußballzwerg,
und geh ich auch durch Pinneberg,
Pauli-Klamotten? - angezogen,
der Kopf, er ist jetzt ganz weit oben -
Du weißt schon: Keep your head up high,
sind ganz weit vorne mit dabei
Selbst, wenn ich auf die Fresse krieg,
egal!, das war er wert, der Sieg

Im Stadion (100.000 Phon)
erklingt *You'll never walk alone*

Ein großer Traum, er wurde wahr,
Stadtmeisterschaft ist wunderbar...
Und dies Gedicht ist fast zu Ende,
ich falte dankbar meine Hände

Das ist alles so mega-geilig,
der Tag gestern, er war heilig
Ach ja, Statistik (go to hull...),
St. Pauli siegte 2:0

Apropos Derby-Siege: Jos Luhukay war für mich als Trainer für die Entwicklung des FC St. Pauli damals der absolute Supergau. Aber nachdem wir unter seiner Leitung auch das Rückspiel im Volksparkstadion mit 2:0 gewannen, hatte ich ihm halbwegs verziehen. Denn das hatte vor ihm kein Trainer geschafft: In einer Saison beide Spiele gegen den HSV zu gewinnen. Und egal, wie scheiße die Saison auch war: Sehr viel mehr konnte man als Pauli-Trainer nicht erreichen, als die beiden wichtigsten Spiele der Saison zu gewinnen.

Und so entstand ein sehr kurzes Trainer-Gedicht...

Luhukay darf
Trainer bleiben,
denn er konnte
Geschichte schreiben

Zum Glück blieb er dann doch nicht Trainer... Aber für einen kurzen Augenblick war ich glücklich, und verdrängte, dass es trotzdem weiter gegen den Abstieg und den Gang in die 3. Liga ging.
Und wo ich hier schon beim philosophieren bin: Manchmal muss es richtig schlecht werden, damit es dann wieder besser werden kann (siehe die letzte Rückrunde...) Außerdem ist Schultz nicht Luhukay und ein St. Paulianer durch und durch!!!

Der 2. Spieltag wird heute eingeläutet. Wenn die Tabelle am 34. Spieltag immer noch so aussieht, wäre das schön. Am Sonntag spielt St. Pauli in Aue (für uns gibt's keine Haue!), und der HSV tritt gegen den Spitzenreiter Dresden an.
Ich freue mich auf den Fußballsonntag. Aber bevor es mit dem 2. Spieltag weitergeht, können wir noch in Erinnerungen schwelgen. An die schönste Rückrunde der Vereinsgeschichte, in der ich nicht ein einziges Mal live im Stadion war. Wenn ich zum nächsten Gedicht nicht ein paar Zeilen schreibe, wird es keiner verstehen. Der beste Club dieser Welt hat auch eine Marathon-Abteilung, in der ich Mitglied bin. Wenn mir ein Gedicht besonders gefällt, poste ich es im Forum der Marathonis, so auch die beiden nächsten...

17.04.2021 - St. Pauli : Würzburger Kickers (4:0)

FC St. Pauli – Das Gedicht

Gleich ist es
21 Uhr
St. Pauli ist
wie eine Kur

Ausgangsbeschränkung,
späte Stund'
Ich hoff, ihr seid
alle gesund

Bei Ausgangssperre
sitz ich hier
Trink zwar kein Astra,
aber Bier

Das Scheiß-Corona!
Ein kleiner Trost:
Der Pauli-Sieg,
drum sag ich prost

Und noch mal kurz
(bevor ich strull):
Wir siegten heute
(4:0)

Wer dichtet, schreibt
auch manchmal Quark -
Ist mir egal:
ein schöner Tag!!!!!

Doch goodbye
sag ich noch nicht,
hier kommt St. Pauli
(das Gedicht):

FC St. Pauli...

Unser Trainer?
Timo Schultz
Und frag mich nicht
nach meinem Puls

Abstiegsgefahr?
Sie ging zunichte
Beste Rückrunde
der Vereinsgeschichte

(Jetzt fang ich doch
noch an zu stolpern,
der letzte Reim
war leicht am Holpern)

6 Punkte bis
zum HSV -
Hamburg braunweiß,
nicht schwarz-weiß-blau

(HSV haut mir aufs Mauli,
ist mir egal! FC St. Pauli!!!)

Die Pandemie? -
wenig zu lachen,
doch Freude kann
St. Pauli machen

Der 6. Platz -
nur ein Moment,
der sich in unsre
Herzen brennt

Und wenn die vor uns
nur vergeigen,
dann schaffen wir es,
aufzusteigen

Leider ist das wohl
nicht mehr möglich,
die Hinrunde
war manchmal kläglich

Jetzt das beste Team der Liga,
fast immer ist St. Pauli Sieger...

Dass ich das noch erleben darf,
das finde ich unendlich scharf!!!

Nehmt mir die Tastatur weg, sonst hör ich nie mehr auf... (-:

Wie schrieb der große Brösel (der mit den Werner-Comics) vor vielen Jahren einmal so schön:

Der Dichter,
der Dichter,
der kriegt was
auf die Lichter!

Bitte nicht,
denn das tut weh
Nun bleib bei mir
und dem FC

Dauerkarte

Kannst du diese Karte sehn?
Ist sie nicht einfach wunderschön?
Sie ist hier schief und etwas schräg,
so wie St. Pauli, und sein Weg

Ich werde dich noch weiter leiten
und durch die Saison begleiten
Und wo wir dann am Ende stehn?
Ich kann nicht in die Zukunft sehn...

2. Spieltag 13 Uhr 30 - oder: auch St. Pauli-Fans sehen mal Konferenz

Holstein Kiel : Schalke 04 (0:3)
HSV : Dynamo Dresden (1:1)
FC Erzgebirge Aue : FC St. Pauli (0:0)

12 Uhr Mittags – High Noon:

Noch 90 Minuten
auf der Uhr
Heute gibt es
Spannung pur!

Das war OK...

Punkte waren's
nicht so viel,
aber es war
ein gutes Spiel

Ein gerechtes
Unentschieden,
mit einem Punkt
bin ich zufrieden

Nie ist es gegen
Aue leicht,
deshalb haben wir
echt viel erreicht

Ein Auswärtspunkt
kein Gegentor,
das war OK
fürs Millerntor

Die nächsten Spiele
sind nicht egal:
Am Samstag
DFB-Pokal

Danach, am 13. August,
und darauf hab ich richtig Lust,
spielen wir wie eine geile Sau,
besiegen zu Haus den HSV
(hoffentlich...)

Bis dahin können wir uns freuen,
wenn wir auf die Tabelle scheuen
Wie man ganz eindeutig sieht,
sind *wir* dann der Favorit!

OK, ist gut (hab halt Humor)
und das Spiel steigt am Millerntor...

#	Team	Sp	S	U	N	Tore	Gegentore	Diff	Pkt	Letzte 5
1	KSC	2	2	0	0	6	1	5	6	✓✓○○○
2	Jahn Regens…	2	2	0	0	5	0	5	6	✓✓○○○
3	Dynamo	2	1	1	0	4	1	3	4	−✓○○○
4	St. Pauli	2	1	1	0	3	0	3	4	−✓○○○
5	HSV	2	1	1	0	4	2	2	4	−✓○○○
6	Werder Bremen	2	1	1	0	4	3	1	4	✓−○○○
7	Heidenheim	2	1	1	0	2	1	1	4	✓−○○○
8	Düsseldorf	2	1	0	1	4	3	1	3	✗✓○○○
9	Hansa Rostock	2	1	0	1	4	3	1	3	✓✗○○○
10	Schalke	2	1	0	1	4	3	1	3	✓✗○○○
11	FCN	2	0	2	0	2	2	0	2	−−○○○
12	SC Paderborn	2	0	2	0	2	2	0	2	−−○○○
13	FC Erzgebirge	2	0	2	0	0	0	0	2	−−○○○
14	Hannover 96	2	0	1	1	1	4	-3	1	✗−○○○
15	Ingolstadt	2	0	0	2	1	5	-4	0	✗✗○○○
16	Darmstadt 98	2	0	0	2	0	5	-5	0	✗✗○○○
17	SV Sandhausen	2	0	0	2	0	5	-5	0	✗✗○○○
18	Holstein	2	0	0	2	0	6	-6	0	✗✗○○○

Letzte 5 Spiele

St. Pauli und DFB-Pokal...

Lang ist es her: Die B-Serie, als der FC im DFB-Pokal gut und erfolgreich war (die Älteren erinnern sich...)
Frei nach einem berühmten Zeichner von FC St. Pauli-Fußball-Comics: Im Frühling unterhalten sich zwei Pauli-Spieler beim Training...
Guckst du morgen auch DFB-Pokal?
DFB-Pokal? Wieso? Der geht doch immer nur bis August!

Aber ich bin trotzdem zuversichtlich, dass St. Pauli in diesem Jahr weiterkommen wird, als nur bis zur ersten Runde...
Heute Abend sind wir alle schlauer.

Magdeburg : St. Pauli (2:3)
Zurück im Spiel

Endlich haben wir
auch mal Glück:
Im Pokal sind
wir zurück

Ein Superspiel,
ein Hammer-Fight
Am Fernseher eine
schöne Zeit

Alles gegeben -
bis zum Schluss
Ein starker Gegner
(wie'n Hexenschuss)

Der Fußballgott -
er liebt uns wieder,
und Freitag ist
dann 2. Liga

Am Millerntor,
der HSV,
und wer dann siegt?
ist klar, genau!

Ich habe ein
gutes Gefühl,
und freu mich auf
das Derby-Spiel

Doch jetzt atme ich erst mal durch
Ganz starker Gegner: Magedeburch

Vorfreude ist die schönste Freude

Mensch, was war das
gestern knapp,
da haben wir
echt Glück gehabt

Und nun kann ich
nach vorne sehn
(Fußball ist doch
einfach schön!)

Es war im Februar,
im letzten Jahr,
als ich zuletzt
im Stadion war

Am Freitag geh ich
wieder hin,
weshalb ich ziemlich
glücklich bin...

Das finde ich schon
ziemlich cool,
drum kommt hier noch
ein Snipping-Tool:

10.08.2021

**Dreimal werden wir noch wach...
Oder: Vorfreude ist die schönste Freude
Oder *Freitag der 13.* ist diesmal ein
Glückstag...**

Freude schöner Fußballzauber,
endlich wieder Millerntor
Endlich wieder live im Stadion,
das kommt einem wie der Himmel vor

Und wir werden uns alle freuen,
denn die 3 Punkte bleiben hier
Egal, was kommt: ich werd's genießen,
und trinke dazu Astra-Bier

Ich werd mich dran gewöhnen müssen:
das Bierholen dauert etwas lang
Auf Hells Bells tu ich mich freuen,
auf AC/DC-Glockenklang

Ich spüre weder Hass noch Wut,
und das finde ich richtig gut:
Gern auf die Freundschaft: Holstenbier -
aber die Punkte bleiben hier!!!

Ein Feuerwerk brennen wir ab,
und dann gewinnen wir, nicht zu knapp!

3. Spieltag
Einfach glücklich!

Ich werd wohl morgen
noch was dichten
Jetzt geh ich ein
paar Bier vernichten

Doch vorm Genuss
von schönen Bieren
muss ich die Ärzte
noch zitieren:

Und ich find es wirklich scharf,
dass ich das noch erleben darf!

St. Pauli : HSV (3:2)

Pauli-Romanze

Nicht jeder Mensch
kann Fans verstehen,
der Dichter konnte
kaum was sehen

Und er saß doch
im Stadion
und sah die
Derby-Sensation

Zu viel an Arbeit,
so dass die Augen
momentan nicht
so viel taugen

Bald kann ich
wieder besser sehn,
und der Derbysieg
war schön

Doch beim Spiel, ganz kurz, da dachte ich: Werde
ich blind?

Quadrate tanzten auf dem Rasen,
und das sind jetzt keine Phrasen

Ein schönrer Platz um blind zu werden,
als am Millerntor, Himmel auf Erden?
Ein Sieg gegen den Stadtrivalen -
ein hoher Preis, ich würd ihn zahlen!

Derby-Helden

Ich schreibe selten über Spieler,
und nenne auch nicht ihre Namen,
es sind ja fast unendlich viele,
die da gingen, und die da kamen

Doch bin ich kein Prinzipienreiter,
ich schreibe halt, und dichte weiter
Denn wer echt aus dem Rahmen fällt,
das ist nun mal ein Derbyheld

Zuerst da kam Finn Ole Becker,
er zog dem HSV den Stecker
2 Tore von Makienok, dem Riesen:
Ein Held, hoch sei er gepriesen!

Und nun in einer Riesenklammer,
es war ja auch ein Derby-Hammer:

Alle Spieler kann ich in den Himmel heben,
denn sie haben *alles* gegeben
Natürlich auch das Trainerteam,
mit Timo Schulz am Steuer

Alle Ordner, Getränkeverkäufer
und auch alle Betreuer
Und auch die Fans, kamen aus sich raus,
das Millerntor, ein Freudenhaus

Man kann mich nicht hindern,
ich lass es nicht bleiben:
Das musste ich einfach mal schreiben

Ich seh noch verschwommen,
und tappe im Dunkeln,
aber meine Augen funkeln!

Gänsehaut, ich bin entzückt,
nicht zu trennen:
Fußball und Glück

Und zum Schluss noch,
auf die Schnelle,
kommt hier die
Zweitligatabelle

Der HSV,
er ist besiegt,
seht mal, wer hier
in Führung liegt...

#	Team									Letzte 5 Spiele
1	St. Pauli	3	2	1	0	6	2	4	7	✓✓✓○○
2	KSC	2	2	0	0	6	1	5	6	✓✓○○○
3	Jahn Regens...	2	2	0	0	5	0	5	6	✓✓○○○
4	Dynamo	2	1	1	0	4	1	3	4	–✓○○○
5	HSV	3	1	1	1	6	5	1	4	✗✓✓○○
6	Schalke	3	1	1	1	5	4	1	4	–✓✗○○
7	Werder Bremen	2	1	1	0	4	3	1	4	✓–○○○
8	Heidenheim	2	1	1	0	2	1	1	4	✓–○○○
9	Düsseldorf	2	1	0	1	4	3	1	3	✗✓○○○
10	Hansa Rostock	2	1	0	1	4	3	1	3	✓✗○○○
11	FC Erzgebirge	3	0	3	0	1	1	0	3	––○○○
12	FCN	2	0	2	0	2	2	0	2	––○○○
13	SC Paderborn	2	0	2	0	2	2	0	2	––○○○
14	Hannover 96	2	0	1	1	1	4	-3	1	✗–○○○
15	Ingolstadt	2	0	0	2	1	5	-4	0	✗✗○○○
16	Darmstadt 98	2	0	0	2	0	5	-5	0	✗✗○○○
17	SV Sandhausen	2	0	0	2	0	5	-5	0	✗✗○○○
18	Holstein	2	0	0	2	0	6	-6	0	✗✗○○○

Letzte 5 Spiele

✓ Sieg

Out of socker – In eigener Sache

Ich muss nun doch nicht Blindenschrift lernen, aber diese Zeilen gerade schreibe ich, ohne sie lesen zu können. Im Krankenhaus wurde festgestellt, dass ich eine Augenerkrankung habe, die nur von Spezialisten behandelt werden kann. Normalerweise wäre ich ab heute 2 Wochen im Süden, aber man kann nicht alles haben... Und außerdem kann ich meine Leser weiter mit Gedichten zwischen „kreisklasse und weltklasse" behelligen und habe dabei meinen Spaß...

Auch wenn es nicht dazu gekommen ist: Aber wäre es nicht das Höchste an Fußballromantik gewesen, wenn das Letzte, was ich noch hätte sehen können, der glorreiche Sieg gegen den HSV gewesen wäre?

Ein halbvolles Glas

Geht auch sehr viel im Leben schief,
Hauptsache man bleibt positiv
Es muss nicht in den Süden gehen,
Hamburg ist ja auch ganz schön

Ich habe nur ein kleines Flehen:
Hamburg würd ich auch gern sehen
Morgen, der Augenspezialist,
wird mir sagen können, was ist

Morgen sitz ich nicht am Strand,
sondern in einem Wartezimmer,
aber ich hab schon jetzt erkannt:
Das ist zwar blöd, aber nicht schlimmer!

Also ich sitz dann nicht am Strand,
sondern an der Waterkant
Und das Leben? Es ist schön:
Ich kann weiter St. Pauli sehn!

Ausblick

Einmal muss ich hier noch nerven
mit verlorenen Sehschärfen
Demnächst bekomm ich ne OP,
damit ich wieder besser seh

Die „Blindschleiche"
ist noch akut,
doch es wird alles
wieder gut

2 Wochen Urlaub,
Hamburg im Regen,
doch es wird besser,
das ist ein Segen

Bis dahin seh ich Kurven,
nicht nur bei schönen Frauen,
auch beim auf
gerade Linien Schauen

Doch trotzdem bade ich im Glück,
denn meine Sehkraft kehrt zurück
Ich weiß zwar noch nicht genau wann,
aber ich werd's ja sehen dann

Von diesem Thema
halt ich das Mauli,
und nun wieder
FC St. Pauli...

Sommer-Urlaub August 2021

3-Wetter-Taft:
Hamburg, 15 °,
Dauerregen,
die Frisur hält,
die Stimmung auch

Ich räkel mich
vor Wonne,
am Strand da scheint
die Sonne -

Hier scheint sie
leider nicht,
das ist doch
widerlich

Leider bin ich doch nicht da:
Die Dünen von Gran Canaria,
ich bin in Hamburg, bleib zu Haus,
und ich mach das beste draus

Der Himmel ist
zwar grad am Weinen,
aber die Sonne
wird schon scheinen

Wie gesagt, ich bin zu Haus,
und pack gleich meine Koffer aus,
keine Gefahr durch Sonnenbrand,
in Hamburg, an der Waterkant

Die Wasserflut vom Himmel fällt,
in der schönsten Stadt der Welt
Aber der Regen kann mich nicht schmerzen,
mit ganz viel Sonne in meinem Herzen

Das klingt zwar voll wie Schlager-Quark,
ist mir egal: Ich find das stark,
weil ich über dem Ganzen steh,
denn ich bin *nicht* bei der BP

Dann wär ich einer der Bepissten,
nicht einer der Hamburg-Touristen
Schlechte Reime, ich seh sie nicht,
was für die gute Laune spricht...

4. Spieltag
Paderborn : St. Pauli (?:?) Oder:
Gehen Sie auseinander, es gibt hier nichts zu sehen! (Die nackte Kanone)

Fernprognose

Freitag kommt er
unters Messer,
dann sieht der Dichter
wieder besser

(Nach dem Friseur
auch besser aus..)
Am Freitag geht's
ins Krankenhaus

Geheilt werden
ist zwar schön,
doch Pauli kann
ich dann nicht sehn

Drum ist hier meine
(Fern)-Prognose:
Das Spiel geht *nicht*
voll in die Hose

Wenn ich dann
mit Nicht-Sehen hader,
holen wir 3 Punkte
an der Pader

Die Nummer 1
hier an der Elbe:
FC St. Pauli,
vom Ei das Gelbe!

In ein paar Wochen
kann ich das lesen,
und fühl mich wie
der King am Tresen

Und passend zum Thema ein vier Jahre altes
Gedicht:

And if once we'll say goodbye
And if I'll be a fool to cry
And if I might get blind -
Never mind!!!

I always know the reason why:
FC St. Pauli till I die

(Der Dichter, er ist bald zurück,
mit Augenklappe, und viel Glück!)

Paderborn : St. Pauli (3:1)
Kein Auswärtssieg

Warum heißt dieses Gedicht so? - Als ich am Freitag, nach der Operation spätabends im UKE bei offenem Fenster im Bett lag und vor mich hin dämmerte, ertönten immer wieder Fangesänge und *Auswärtssieg*-Rufe von draußen. Nur 10 Meter Luftlinie von der Augenklinik entfernt liegt das Victoria-Stadion, da muss ein wichtiges Spiel gewesen sein. Jedenfalls konnte ich sehr gut einschlafen.

Kein Auswärtssieg

Die Pauli-Brille...
Seh ich auf 2021,
dann fast nackt auf der Straße tanz ich:
St. Pauli – 1. der 2. Liga
(Gut, gestern warn wir nicht der Sieger)

Aber gekämpft, alles gegeben
Und mit Pech mussten wir leben
In der 6. Rote Karte, unglückliches Eigentor
Das war leider voll das Harte, weshalb Pauli auch
verlor

Burgstaller hatte ein gutes Auge,
ich nicht, ich war im UKE
Was auch ein „Blinder" gerade sieht,
ist, was bei Pauli grad geschieht:

Ein Super-Team, mit sehr viel Power,
und so wird es auch bleiben auf Dauer

Und nun klopf ich 3 Mal auf Holz,
auf die Jungs bin ich so stolz!
Ergeben werden wir uns nie,
so sind wir eben: St. Pauli!

Die Aktuelle (Tabelle!)

Ob das wohl am Veltins liegt,
oder auch am Holsten?
Bekanntlich knallt ja Veltins gut,
und Holsten knallt am Dollsten

Weil ich jetzt mal Holsten disse,
reim ich was mit Pferdepisse
Ein Pferd säuft Astra, bis die Blase am Vollsten,
und unten raus fließt pures Holsten
(Ein kleiner Scherz... Holsten-Fans dichten das
wohl genau umgekehrt...)

HSV, Schalke 04
sind hinter uns
(kein Astra-Bier...)

Und auch für Werder Bremen
ist es noch unbequem
Wir sind 5., das ist schön!
So kann es gerne weitergehn

Es sind noch ganze 30 Spiele,
und alle haben große Ziele
Da kann man noch nicht viel zu sagen -
Nur: Pauli hat sich gut geschlagen!!!

Am Sonntag kommt dann Regensburg,
mit 4 Siegen am Stück -
Dazu der Dichter-Dramaturg:
Bisher hattet ihr Glück!

Aber seht euch lieber vor,
kommt ihr zu uns ans Millerntor!
Ich bin dann leider nicht dabei,
das Drama läuft bei mir auf Sky

Aber schreibt mich noch nicht ab,
ich komm zurück, und nicht zu knapp!
Und kann ich endlich wieder sehen,
dann werd ich in der Kurve stehen

Mit all den Fans
und 1.000 Phon
sing ich You'll
never walk alone!!!!

Stille und Dunkelheit

Das Wasser fließt am Glas vorbei
Ich halt mich am Geländer fest
Dass ich Stufen kaum sehen kann,
das gibt mir aber nicht den Rest

Oft sitz ich in der Dunkelheit,
die Augen fest geschlossen
Und so die Sinne wahrzunehmen,
habe ich sehr genossen

Gebt mir ein bisschen Stille,
ist nicht mein letzter Wille
Leben finde ich immer schön,
und auch im Dunkeln kann ich sehen

Ich mache oft die Augen zu,
und höre Rammstein, was machst du?
Du liest das hier, grad war Dezember
Die Hinrunde, time to remember!

Schreibtisch, draußen ist noch Sommer
bedeckt bei über 20°
Und dass ich dies erleben muss,
ist überhaupt nicht hart

Spätestens in einem Jahr
ist meine Sehkraft wieder da
St. Pauli rockt die 1. Liga,
denn wir waren meistens Sieger

Und Stadtmeister
sind wir geblieben,
der Dino war 4.
(und er ist es geblieben..)

Hauptsache, dass der Ball noch rollt,
dann ist die 2. auch wie Gold
Man kann auch in der 2. feiern
und muss kein Fan sein von den Bayern

Der schon fast schönste Platz der Welt:
Das Millerntor, am Fußballfeld
Ob 1. oder 2. Liga,
mit Pauli bist du immer Sieger

Und nun, liegt draußen gerade Schnee? -
ich hoff, dass ich schon wieder seh...

Ein kurzes Trainergedicht

Dies ist ein wundervolles Jahr
bei Pauli, einfach wunderbar
Viel Sonne, und kein Sonnenbrand,
in Hamburg an der Waterkant

Läuft's hier mal schlecht: ein ruhiger Puls
Die Zeit bekam er: Timo Schulz
Er hat gezeigt, dass er es kann,
ein Trainer wie ein Supermann

5. Spieltag

Heut wieder Fußball -
2. Liga
Die große Frage:
Wer wird Sieger?

Kann etwas sehen
und ganz viel hören
Live im TV
wird das nicht stören

Regensburg morgen
am Millerntor,
locker 3 Punkte
(ich hab halt Humor)

Ich glaube dass wir
nicht vergeigen,
ein Fremdwort fast schon:
das Absteigen

Wir sind nicht auf
dem hohen Ross
Wir können fliegen
wie'n Albatros

Wir können kämpfen,
vielleicht auch siegen,
und so wird dann
nicht abgestiegen...

Ja, wir sind (auf vielen Festen)
FC St. Pauli, die Allerbesten!

Spielvorbereitung

Gestern Abend, wunderbar:
Rammstein in Amerika
Heute, und genauso schön:
Den FC St. Pauli sehn

Bei Sky bin ich dann am Start,
und ich seh aus wie ein Pirat
In meiner Netzhaut war ein Loch,
und dann OP, es heilt noch

Ich hab noch immer Gas im Auge,
das schwappt beim Gehen hin und her
Und links da kann ich kaum was sehen,
da hilft die Augenklappe sehr

Und heute kommt der Spitzenreiter,
12 Punkte hat er schon, der Jahn
Und er rutscht nachher von der Leiter
und darf danach nach Hause fahrn

12 Teams haben schon gekickt,
was uns gar nicht so bedrückt,
die Fans, die St. Pauli lieben:
Wir stehen trotzdem auf Platz 7

Wenn wir so wie Rammstein spielen,
können wir einen Sieg erzielen:
Und der Jahn kann es nicht glauben,
seine Ohren können nicht ertauben:

Willkommen..
in der Dunkelheit...
in der Traurigkeit...
in der Einsamkeit...

(Zwischendurch ein kleiner Scherz)
Und ja: verlieren bedeutet Schmerz
Das Stadion wird heut erbeben,
da kann der Jahn mal was erleben

Als Pauli-Fan kann man auch johlen,
und gute Reime wiederholen:
Spitzenreiter? - gerne ihr,
aber die Punkte bleiben hier

Ich freue mich so auf das Spiel,
wir sind noch lange nicht im Ziel...

St. Pauli : Jahn Regensburg (2:0)
Spitzenspiel
Oder: Das beste Team 2021 gegen den Tabellenführer 2021/2022

Live wär ich gern dabei gewesen,
mit einem Bierchen noch am Tresen,
aber es hat nicht sollen sein
Trotzdem: Yes, yes I feel fine!!!

Ein ganz klein bisschen dachte ich,
na, vielleicht klappt das heute nicht
Aber die Abwehr: bärenstark,
und wir kamen aus dem Quark

Sehr lange ein Spiel ohne Tore,
so was wär ja auch OK,
St. Pauli hatte was dagegen
und trat dem Gegner auf den Zeh

Ich hab vor Freude noch gelacht,
das Opfer hab ich gern gebracht,
einäugig vorm TV zu sitzen,
man sah die Augenklappe blitzen

Es war unser Piratentag,
St. Pauli spielte wirklich stark
Burgstaller mit dem Auge wieder,
2 Tore und wir waren Sieger

Da fällt mir echt das Dichten leicht:
Was haben wir dieses Jahr erreicht?
Der Fußballgott zeigt seine Gunst:
Die Großen alle hinter uns

Jetzt wär es eigentlich Zeit für Bier,
in der Tabelle steht die 4
Und wieder muss ich mich verneigen
(und dann noch die Tabelle zeigen...)

Ich freue mich, ich freue mich,
ich find das gar nicht fürchterlich
4 Punkte sind wir vor dem Dino,
und wir besetzen seinen Platz

Würd ich in Stellingen das verkünden,
gäbe es sicherlich Rabatz

Sorry, ihr macht eure Punkte,
allerdings nicht gegen uns,
es ist ja so: die letzten Derbys,
die habt ihr allesamt verhunzt...

#	Verein	Sp	S	U	N	T	GT	TD	Pkte	Letzte 5
1	Jahn Regens...	5	4	0	1	12	3	9	12	
2	SC Paderborn	5	3	2	0	12	4	8	11	
3	Dynamo	5	3	1	1	9	5	4	10	
4	St. Pauli	5	3	1	1	9	5	4	10	
5	FCN	5	2	3	0	6	3	3	9	
6	KSC	5	2	2	1	7	3	4	8	
7	Werder Bremen	5	2	2	1	8	7	1	8	
8	Darmstadt 98	5	2	1	2	12	8	4	7	
9	Schalke	5	2	1	2	9	9	0	7	
10	HSV	5	1	3	1	8	7	1	6	
11	Heidenheim	5	1	3	1	3	3	0	6	
12	Düsseldorf	5	1	1	3	7	10	-3	4	
13	Hansa Rostock	5	1	1	3	6	10	-4	4	
14	SV Sandhausen	5	1	1	3	3	8	-5	4	
15	Holstein	5	1	1	3	5	11	-6	4	
16	Ingolstadt	5	1	1	3	4	11	-7	4	
17	Hannover 96	5	1	1	3	2	10	-8	4	
18	FC Erzgebirge	5	0	3	2	2	7	-5	3	

Letzte 5 Spiele

- Sieg
- Unentschieden

Länderspielpause

Heute läuft ein Länderspiel,
mein Interesse Null, nicht viel
Deutschland gegen Liechtenstein,
das interessiert doch eh kein Schwein

U21 (würd mir zusagen)
wird leider nicht frei übertragen
Da rockt St. Pauli echt total,
und das auch international

Kein Wunder, dass so was geschieht,
wenn man auf *die* Tabelle sieht:

JAHRESTABELLE 2. BUNDESLIGA 2021

#	Verein	Spiele	G	U	V	Tore	+/-	Pkt.
1	FC St. Pauli	27	15	4	8	45:37	8	49
2	VfL Bochum	21	14	2	5	42:25	17	44
3	Karlsruher SC	26	11	11	4	39:28	11	44
4	Greuther Fürth	21	11	7	3	44:29	15	40
5	SC Paderborn	26	10	10	6	48:34	14	40
6	SV Darmstadt 98	26	12	4	10	50:40	10	40
7	Hamburger SV	26	9	11	6	52:34	18	38
8	Holstein Kiel	26	11	5	10	40:35	5	38
9	1.FC Heidenheim	26	11	5	10	35:36	-1	38
10	F. Düsseldorf	26	10	7	9	43:38	5	37
11	1.FC Nürnberg	26	8	10	8	31:37	-6	34
12	Jahn Regensburg	26	9	6	11	32:36	-4	33
13	Hannover 96	26	8	5	13	40:47	-7	29
14	Erzgebirge Aue	26	7	7	12	26:45	-19	28
15	SV Sandhausen	26	8	3	15	32:41	-9	27
16	Würzb. Kickers	22	5	6	11	25:41	-16	21
17	E. Braunschweig	21	4	7	10	17:30	-13	19
18	VfL Osnabrück	21	4	2	15	19:41	-22	14
19	Dynamo Dresden	5	3	1	1	9:5	4	10
20	Werder Bremen	5	2	2	1	8:7	1	8
21	FC Schalke 04	5	2	1	2	9:9	0	7
22	Hansa Rostock	5	1	1	3	6:10	-4	4
23	FC Ingolstadt	5	1	1	3	4:11	-7	4

Das ist ja voll der Hammer: Noch etwas Gejammer...

Schon eine Woche nichts geschrieben,
wo ist der Dichter bloß geblieben?
Er hatte wenig um die Ohren
und den Humor noch nicht verloren

Draußen ist Sommer, die Sonne blendet,
aber ich bin noch nicht verendet
Freu mich auf Regen und die Nacht,
weil dann mein linkes Auge lacht

Vor 2 Wochen Sehkraft 5%,
was man ein wenig blind wohl nennt
Jetzt sind es schon 8 x so viel,
bald bin ich wieder drin, im Spiel

Und nein, ich gebe niemals auf,
nehm mein Gejammer auch in Kauf
Fühl mich auch mal voll beschissen,
so was will eh keiner wissen

09. September, spätsommerlich
Der Einzige, der das liest, ist: ich
Also ist *das* ja wohl egal,
das Leben ist *kein* Jammertal

Das Leben ist etwas Verschärftes,
doch ab und zu (bei Leiden) nervt es
Ich weiß, du könntest es verstehn,
könnst du wie ich kaum noch was sehn

Niemals Schatten, und nur Licht
Im Ernst: das wär doch widerlich
Das Gute an den dunklen Stunden:
Sie werden ja auch überwunden

Man kann nicht immer Schampus saufen,
es muss halt auch mal scheiße laufen
Egal, das Leben, es ist schön,
zum Schreiben kann ich genug sehn

Und in 2 Tagen ist nicht Game Over,
da kommt der Sieg (?) dann in Hannover
(Und bitte das richtig aussprechen,
denn sonst wird sich der Reim erbrechen)

Pauli, Fußball, Sonnenschein,
was könnte denn noch schöner sein?
Wir sind noch da, wir sind am Leben -
Kann es noch etwas Schönres geben?

6. Spieltag
Hannover : St. Pauli (1:0)
(Auch weiter gibt es keine Stille,
einäugig und mit Sonnenbrille...)

Fast eine Ballade
Oder: Ach wie schade...

1. Halbzeit, nicht so in Form,
das schadete dem Spiel enorm
Der 1. Platz war heute drin,
aber dann muss man auch gewinnen

Aber egal, was auch passiert,
es kommt schon vor, dass man verliert
Das ist halt wie beim Marathon:
Der Schnellere läuft dir davon

Ich bin ja (ab und zu) gerecht:
Die 1. Halbzeit war zu schlecht,
um bei Hannover was zu reißen,
aber egal: einfach drauf scheißen

Pauli ist gut, wenn auch nicht heute,
deshalb wohl keine Punktebeute
Die 2. Hälfte (noch alles drin),
ich hoffe auf den Punktgewinn

2. Halbzeit, wir sind stark,
und kommen endlich aus dem Quark
Viel besser als in Hälfte 1,
so ein Spiel ist eher meins

Die 2. Halbzeit: Ein Genuss,
St. Pauli wie aus einem Guss
Dazu noch eine Abwehrschlacht,
und das hat Pauli gut gemacht

Und zum Schluss, doch ne Ballade:
1:0 verloren, das ist schade
Aber wir liegen nicht darnieder,
denn sicher ist: Wir kommen wieder!

Heut Abend Hamburgs Nr. 2,
nicht ganz so wichtig, aber live dabei
Die Rothosen können gerne siegen,
weil die ja eh hinter uns liegen

(Fürwahr ein sehr,sehr schwacher Trost,
deshalb gibt es statt Proust nur prost!)

Ein erfolgreicher Spieltag

Das linke Auge brennt wie Feuer -
Das Leben ist ein Abenteuer
Ein Monat schon kein Buch gelesen,
nie mehr gesessen an nem Tresen

Links sind nun zwei Wasserblasen,
die beim Gehen durchs Auge rasen
Aber das ist keine Beschwerde,
ich finde es nur etwas merde

Doch es gibt Gutes zu berichten,
und nicht nur Lamentier-Geschichten
Die Tabelle ist unser Freund,
so wie beim Kiffer, der rauchende Joint

Kein Punkt war gestern für uns drin,
aber das nehm ich locker hin:
Hinter uns 13 Vereine -
der 5. Platz, weißt, was ich meine?

Mit Niederlagen komm ich klar,
das Leben, das ist wunderbar!
Und ohne Licht gibt's keinen Schatten
(Was wir ja schon ein paar mal hatten,,,)

Die Zukunft, sie ist unbekannt,
aber ich bin total entspannt
Ich leb im Heute, nicht im Morgen,
deshalb mach ich mir keine Sorgen

Vielleicht find mancher das hier doof,
vielleicht bin ich ein Philosoph
Find das ruhig scheiße, wir sind doch frei,
und ich hab meinen Spaß dabei

Das ist nur ein Gedicht von vielen,
wo Reime mit den Worten spielen
Ich hoffe, andre findst du gut,
les gerne weiter, hab nur Mut

Zusammen gehen wir (nicht gebückt) -
Leben, St. Pauli – das pure Glück!!!

Bleib mal locker (out of socker)

Das linke Auge sieht verschwommen,
und dadrin schwimmt noch schwarzes Wasser
Ich hab 3 Kilo zugenommen,
aber das macht mich nicht blasser

Torwart-Comeback in weiten Fernen -
ob und wann steht in den Sternen
Und trotzdem bin ich nicht bedrückt
Und trotzdem spür ich ganz viel Glück

Sport ist immer noch verboten,
davon lass ich meine Pfoten
Viel zu Haus, kaum Bewegen,
die Arbeit fehlt und die Kollegen

5 Wochen nicht im Stadion,
und ein Leben ohne Lesen
Meine Ohren haben viel davon,
die mir fast „unbekannten" Wesen

Ich kann jetzt gut Gitarre spielen,
mit geschlossenen Augen,
bin auf dem Weg zu neuen Zielen,
die auch echt was taugen

Hörbücher habe ich entdeckt,
Podcasts und Musik
Und keine Wunde, die da leckt,
weil ich vieles nicht krieg

Gleich endet nun dieses Gedicht,
und ich bin voller Zuversicht
Was kommen wird, ist noch verborgen,
aber ich glaube an das Morgen

So wie an Ufos, unsern FC,
den nächsten Winter, den nächsten Schnee,
das Frühjahr, den Sommer und das Leben
Komm, lass uns doch mal einen heben

Mit Pauli (in der 1. Liga?)
Mit Pauli bist du immer Sieger,
und ist dein Leben auch zum Schrein,
mit Pauli bist du nie allein

St. Pauli – You'll never turn to stone
St. Pauli – You'll never walk alone!!!

Out of Pauli? (Nein!)

Nun, lieber Leser, bleib mal locker,
was nun kommt, ist nicht out of socker
Und auch du, liebe Leserin,
nimmst du ohne Wut dies hin?

Wie viele Leser wird es geben,
die bald dieses Buch erleben?
Die Auswertung, gamalt als Zahl,
wär hoffentlich dann keine Qual!

Heut Abend geht der Blick nach Bremen,
dafür werd ich mich nicht schämen
Mein Herz schlägt nun einmal im Norden,
in Hamburg, nicht ganz an den Fjorden

Rrammstein würde dazu sagen,
im Metalsound textlich so klagen
Hass mich, schlag mich, mach mich zur Sau:
Ich bin heut für den HSV!

Vielleicht sagst du: „Fick dich ins Knie!"
Für mich geht's auch um Sympathie
Die Nummer 1 im Fußballherz,
die bleibt St. Pauli, ist kein Scherz

Wir spielen noch gegen Ingolstadt,
was ne ganz andre Wertung hat
Trag es ganz einfach mit Humor:
Pauli gewinnt (am Millerntor)

Und Hamburg gewinnt an der Weser,
(und es verlässt mich noch ein Leser.. (-;)
Das wäre wirklich total schade,
mein Herz schlägt in der Gegengerade

Der Himmel ist heute bedeckt,
ich bin politisch nicht korrekt
Das ist mir wirklich scheißegal,
denn so bin ich nun einmal

Heut Abend nun für'n HSV,
Hamburgs Nummer 2
Morgen steigt Pauli in den Ring,
da sind wir dann dabei

6 Punkte für Hamburg an der Elbe
das is doch mal vom Ei das Gelbe!

Wall of Fame

Der eine, der nennt es nur Bier,
der andre Lebenselixier
Manch einer denkt *Ihr seid doch krank!*
Manch einer spricht von Zaubertrank

Ein Kunstwerk ziert die Küchentür
des Dichters, und es spricht von Bier
Und (keine Werbung) in der Mitte,
da sieht man doch *Ein Astra, bitte!*

Auch wenn ich manch Gebräu studier:
jetzt kenn ich auch manch andres Bier

Durchs Heer (?) der Leser
geht ein Raunen,
sie können das Kunstwerk
hier bestaunen:

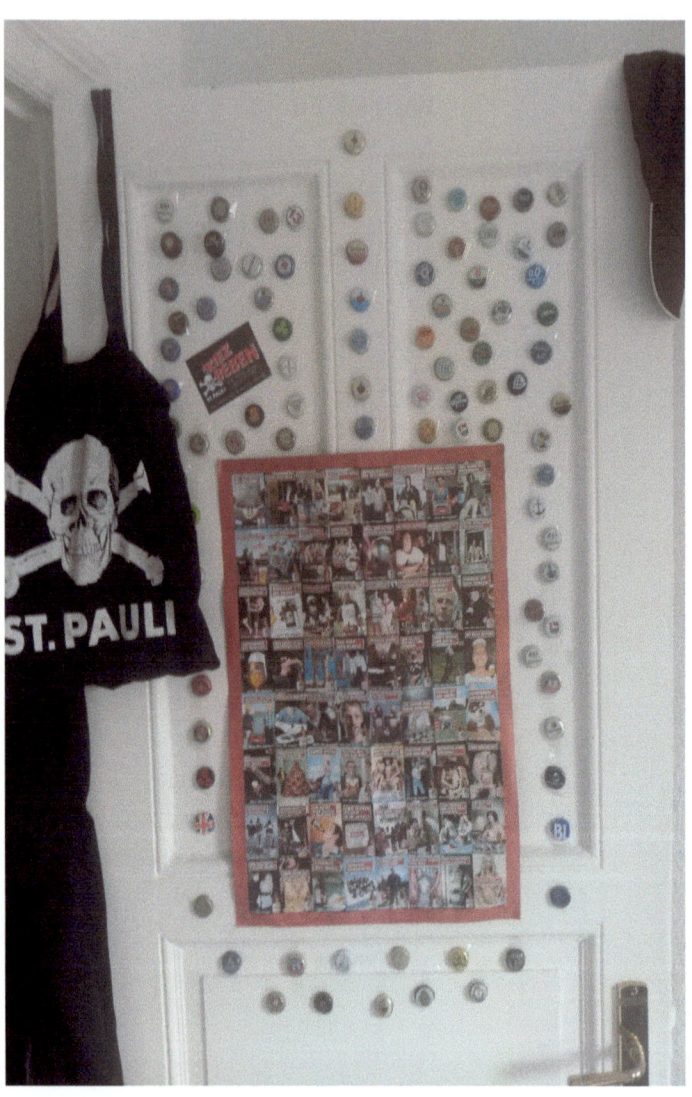

7. Spieltag
St. Pauli : Ingolstadt (4:1)

Unfassbar

Ich habe gerade was gesehen,
drum muss ich gleich spazieren gehen
Und ich kann es echt kaum glauben,
was ich sah mit meinen Augen

Bin ich denn nun ein Prophet,
der die Welt nicht mehr versteht?
Soll *das* mein St. Pauli sein?
Ich sage ja, ich sag nicht nein!

Auswärts, OK, mehr so lala,
am Millerntor: nur wunderbar!
4 Spiele und 4 Mal gewonnen,
ein langer Traum, nicht heut begonnen

Die Nr. 1 in diesem Jahr,
und auch im Norden, wunderbar!
Ich muss jetzt raus, den Kopf entstauben,
ich kann es immer noch nicht glauben

Doch vorher noch, und auf die Schnelle,
frisch von heute: die Tabelle:

Und ach was solls, bevor ich streite,
diesmal auf fast ner ganzen Seite...
Ein Anblick, wirklich zum Genießen
Wir können siegen und Tore schießen...

										Form
1	SC Paderborn	7	4	2	1	16	6	10	14	✓✗✓✓✓
2	Jahn Regens…	7	4	2	1	15	6	9	14	⊝⊝✗✓✓
3	St. Pauli	7	4	1	2	13	7	6	13	✓✗✓✗✓
4	FCN	7	3	4	0	9	5	4	13	✓⊝⊝✓✓
5	KSC	7	3	3	1	11	6	5	12	✓⊝✗⊝⊝
6	HSV	7	3	3	1	12	8	4	12	✓✓⊝⊝✗
7	Heidenheim	7	3	3	1	8	5	3	12	✓✓⊝✗⊝
8	Werder Bremen	7	3	2	2	11	9	2	11	✗✓✓⊝✗
9	Darmstadt 98	7	3	1	3	14	10	4	10	✓✗✓⊝✓
10	Dynamo	7	3	1	3	10	8	2	10	✗✗✓✓✓
11	Schalke	7	3	1	3	11	11	0	10	✗✓✓✗⊝
12	Hannover 96	7	3	1	3	6	10	-4	10	✓✓✗✓✗
13	Düsseldorf	7	2	2	3	9	11	-2	8	⊝⊝✓✗⊝✗
14	Hansa Rostock	7	2	1	4	8	12	-4	7	✗✓✓✗⊝
15	Holstein	7	1	2	4	7	16	-9	5	✗⊝⊝⊝✗
16	SV Sandhausen	7	1	1	5	5	13	-8	4	✗✗✗✓⊝
17	Ingolstadt	7	1	1	5	5	18	-13	4	✗✗✓✗✗
18	FC Erzgebirge	7	0	3	4	3	12	-9	3	✗✗✗✗⊝

Spitzenspiel

Der Sommer ist vergangen,
doch Pauli ist noch da
Der Herbstwind flüstert leise:
Es ist noch Wärme da

Die Hinrundentabelle
macht ja schon die Welle,
doch die vom ganzen Jahr,
die stellt das richtig dar:

St. Pauli spielt als Spitzenreiter
im Badischen, beim KSC
und tut dem 2. Liga-Fighter
hoffentlich mal weh

Für mich ist es das schwerste Spiel,
ein Sieg wäre ein schönes Ziel
Auswärts ist es noch nicht der Hit,
und punktemäßig eher shit

Bevor es heute geht zum Duschen,
kommen wir endlich in die Puschen
Und unser Grinsen wird noch breiter,
denn wir sind Liga-Spitzenreiter

Und dann ein Gegner wie Madrid,
den Sieg nähmen wir gerne mit
Und wenn wir heute alles geben,
können wir ein geiles Spiel erleben

Die besten Teams der 2. Liga -
Wer ist in diesem Spiel der Sieger?

Ein dunkles Wochenende

Kein Mensch versteht, warum ich schunkel,
das Wochenende ist so *Dunkel*
Lebensfreude und auch Glück,
fühl mich, als wäre ich zurück

die ärzte tragen dazu bei,
und auch die Wahl (nicht einerlei)
Kennst du dä nicht, mein Sohn?
(brennst du noch oder explodierst du schon?)

Morgen wird es grün, nicht bunt -
die ärzte spielen im Hintergrund
Pauli steht einsam an der Spitze,
ein Gefühl wie Sommerhitze

Das Album, das heißt Dunkel,
der Sonntag, er wird grün
Ich kann schon besser sehen,
das Leben, das ist schün

Den Morgen, ihn erlebst du täglich,
am Morgen ist noch alles möglich
Egal, wie das Ergebnis ist,
ich bin und bleibe Optimist

Das Leben, mal scheiße,
aber oft glücklich, am Schweben
Der FC St. Pauli,
ein glückliches Leben

Und weiter *Worte haben Kraft!*
Und du hast schon so viel geschafft
Ist das das 1.000 Gedicht?
Keine Ahnung, weiß ich nicht

Aber ich werde weitermachen,
und ich kringel mich vor Lachen
In 2 Stunden Fußballzeit,
das macht mir Spaß, tut mir nicht Leid

Und bevor ich bald nichts mehr raffe,
mach ich mir erst mal nen Kaffee
Und später melde ich mich wieder
aus der 2. Bundesliga...

Das Wort zum (Wahl-) Sonntag

Der Hohlraum
hinter deiner Stirn,
manch einer nennt
so was Gehirn

Du tust Schwächeren
gern weh,
und du wählst morgen
AfD

Denken ist nicht so
deine Sache
Und du spürst Hass,
weil ich jetzt lache

Was dich an die
Wahlurne zieht,
das ist wohl nur
dein kleines Glied

Die Baseballkeule
holst du raus,
hörst du draußen
Nazis raus!

Du träumst von deiner
Herrenrasse,
findst Frauenrechte
nicht so klasse

Dein Kopf ist kahl,
und auch dein Geist,
weil du auf Liebe
eher scheißt

Bist eigentlich
ein armer Wicht
Doch Mitleid?,
das habe ich nicht!

Und auch mit Haaren
bist du ne Glatze,
zeigst immer wieder
deine Fratze

Bist „wichtig",
wichtig kommt von Wicht!
Jetzt halt die Fresse,
Stephan spricht!

8. Spieltag
KSC : St. Pauli (1:3)

Weltklasse!!!

Ich muss erst einmal verschnaufen
und mir ein paar Bierchen kaufen...

Nun bin ich wieder hier
und freu mich auf das Bier
Nachher, da wird das Glas erhoben:
St. Pauli grüßt von ganz weit oben

Ich will den Leser nicht bestürzen,
doch das Gedicht muss ich verkürzen
Ich seh verschwommen, und nicht klar,
leider hab ich Grauen Star

Und leider wird es auch nicht besser,
erst wenn es geht unter das Messer
Drum werd ich gleich die Augen schließen
und ein Hörbuch still genießen

Dann seh ich vielleicht wieder klar
und scheiß auf das, was vorher war
(Das war von den Strassenjungs)
und Dichten ist ja nun mal Kunst

Es wird gleich mal abgebrochen,
aber eines sei versprochen:
Hab ich den Mist erst hinter mir,
dann gibt's Champagner, und kein Bier

Werd ich manches auch versieben,
ich werd immer das Leben lieben!!!
Naturellement (frz.) komme ich wieder
und schreibe weiter von der Liga

Und ich höre doch nicht auf,
und nehm die Kopfschmerzen in Kauf
Es ist so schön, dass ich es fasse:
St. Pauli war heute weltklasse

Und, ich muss es auch gestehn,
ich hab Vasili auch gesehn,
der ist im Tor besser als ich,
wirklich, das bestreit ich nicht!

8. Spieltag...

Ich fass mich kurz, genau genommen
ist hier alles so verschwommen

Mit Siegen hat HSV Probleme,
aber von mir gibt's keine Häme
Der 8. Spieltag ist vorbei,
und Pauli steht nun auf Platz 2

Sonne im Herzen

Hab Sonne im Herzen,
ob's stürmt oder schneit
Hab Sonne im Herzen,
ob nüchtern ob breit

Hab Sonne im Herzen,
bist du traurig, am Schreien:
Hab Sonne im Herzen,
zur Not red's dir ein!

Wo führt alles hin?
Und wo ist der Sinn?
Es soll hier doch um Pauli gehen,
und nicht um mein Wohlergehen

Buchstaben kann ich kaum erkennen,
ich bin jetzt aber nicht am Flennen
Ich lass viel Gutes in meine Nähe,
und ich hör mehr als ich sehe

Game of Thrones ist das hier nicht,
trotzdem ist dies ein Gedicht
Der Winter kommt, das passt so gut,
Der Winter kommt, das macht mir Mut

Das Auge im Tabellenkeller,
Sehkraftverlust geht immer schneller
Aber ich bin nicht auf den Knien,
Anfang November, der Termin

Anfang November die OP,
die tut angeblich gar nicht weh
Für mich kein Grund, dass ich jetzt grinse,
dann bekomm ich ne neue Linse

Deshalb freu ich mich auf den Winter,
deshalb freu ich mich auf den Schnee
Und wenn ich wieder sehen kann,
tun Niederlagen nicht mehr weh

Die Leser haun mir dann auf's Mauli:
Schreib endlich mehr über St. Pauli!
Kein Problem, dürft ihr gern machen,
dann kann ich lächeln und auch lachen

Ich kann euch hörn, ich kann euch sehn,
ihr seid so wie St. Pauli: schön!

Freude schöner Götterfunken
Nicht: Öde an die Freude

Freude, schöner Gotterfunken
Schlechte Sachen sind echt dumm
Gut ist Liebe, sind Spelunken,
Bier trinken (kein Delirium)

Das man das Leben nicht vergeude,
gibt es die Ode an die Freude
Das ist wahre Poesie,
und so gut dichte ich wohl nie...

Schön ist, dass es Freude gibt
Schön ist, wenn man das Leben liebt
Wenn man lacht, und macht sich nass,
wenn man sich nichts macht aus Hass

Wenn man mit Freude gern verliert,
wenn man auch sein Herz mal spürt
Wenn man gern ist freudetrunken,
auch in Gedanken mal versunken

Das ist de Vogel, und nicht Schiller,
deshalb werd ich hier auch nicht stiller

Im Tor bin ich so wie ich,
Oliver Kahn, der bin ich nicht,
aber ich bin ganz gut im Tor
und dichte meistens mit Humor

Es ist nun nicht das Schlimmre:
Nichts reimt sich auf Europahymne
Schiller könnte da was machen,
er ist nicht hier und würde lachen

Doch wär der Dichterfürst gekommen,
hätt er mich sicher ernst genommen:
Hier mein Freund, ein Götterfunke,
jetzt lass uns gehen in die Spelunke,
würde er sicher zu mir sagen,
und mir auf den Rücken schlagen

Gib mir deine Gedichte, Mann,
und lass da mal nen Profi ran
Am Tresen würde ich verharren,
und vor Ehrfurcht dann erstarren...

Dichtertreffen mit Schiller

Und später (nach dem 3. Humpen)
da ließ der Schiller sich nicht lumpen
Er sprach *Du kannst mich zwar nicht sehn,*
aber ich hoffe doch verstehn

Du wirst nie wie ein Schiller dichten,
aber das musst du ja mitnichten
So wie deine Gedichte klingen,
das ist ja schon dein eigenes Ding

Das hörte ich aus seinem Munde
und orderte ne neue Runde
Und Schiller dachte lange nach,
bevor er von St. Pauli sprach:

Was ihr hier habt, begeistert mich
St. Pauli, Freiheit, Zuversicht
Und dann noch Fußball, passt dazu
Und Bier und Pauli sind per du

Deine Zeit ist wunderlich,
so was gab's bei mir noch nicht
Es ist mein Herz, das Freude fasst,
dass gerade ich bei dir zu Gast

Und eines tut mir wirklich leid,
ich muss zurück in meine Zeit
Aber erst dann werde ich gehen,
hab ich von euch ein Spiel gesehen

Wir lächelten, und nahmen nen Schluck,
wir waren entspannt und ohne Druck
Ein wenig mussten wir noch warten,
und für ein Spiel hatten wir Karten

Das Dichterfest hatte begonnen,
und das Spiel wurde gewonnen

Und seine Ode an die Freude,
war, dass man keinen Tag vergeude
Und dass man immer eingedenk:
das Leben, das ist ein Geschenk

Und bevor Schiller dann verschwand,
im St. Pauli-Fangewand,
lud er mich noch herzlich ein,
in seiner Zeit zu Gast zu sein

Und da sagte ich nicht nein!

Träume...

Es sind aufregende Zeiten,
und Träume sind ja wirklich schön
Pauli spielt fast ohne Pleiten,
wird es so auch weitergehn?

Mir schwant manchmal, ich träume nur,
ich bin ja eh wie in ner Kur
Pauli war mal ne Gurkentruppe,
aber das ist völlig schnuppe!

Selbst wenn wir morgen *doch* vergeigen,
stehen wir noch vor dem HSV
Die Liga ist so eng zusammen,
und hinter Pauli ist ein Stau

Falls wir morgen tatsächlich siegen,
werd ich mich nicht mehr einkriegen
Dann winken wir von ganz weit oben,
der 1. Platz, den Kopf erhoben

Ich stehe hier beim Arm-Ausbreiten,
das beste Pauli aller Zeiten!
Denn immer, wenn wir alles geben,
geht das Spiel nicht mehr daneben

Und dann unser Saisonverlauf...
Ich hoffe, ich wach nie mehr auf!

Kann nichts mehr lesen seit der Wahl,
kann nur noch schreiben, echt fatal
Doch das Schöne am Geschehen:
Ja, TV kann ich noch sehen

Ins Stadion gehen? - Leider nicht,
da gibt's Probleme mit dem Licht
So wie Ray Charles, mit Sonnenbrille,
sitz ich vorm Fernseher (ohne Stille)

Bei Pauli-Toren Jubel-Schreien,
das gibt es nur bei einem Verein
Ich träume weiter mit offenen Augen,
das sind doch Träume, die was taugen...

9. Spieltag
St. Pauli : Dresden (3:0)
Besser geht's nicht

Bin kurz vor einer Schreibblockade
und weiß nicht, was ich schreiben soll
Fast schon ein Fremdwort, das Wort schade,
fast schon alltäglich: wundervoll

Das Dichten ist schon schizophren,
denn was ich schreib, kann ich kaum sehn
Schiller ist zurück zu Hause,
und nun ist die Länderspielpause

Nach dem Spiel musste ich raus,
einfach spazieren, aus dem Haus
Nichts, was dem Fan den Schlaf kann rauben,
ich kann es trotzdem echt nicht glauben

Spitzenreiter, und so weiter,
ganz weit oben auf der Leiter
19 Punkte + 11 Tore
FC St. Pauli: Mi amore

Ich bin nun echt kein Fan von Bayern,
und heute ist ein Tag zum Feiern
St. Pauli-Glas und Astra-Bier,
und alle Punkte bleiben hier

5 Heimspiele, 5 Mal gewonnen,
manch Aufstiegstraum hat so begonnen,
doch darüber denk ich nicht nach,
ich halt den Ball dann lieber flach

Dies ist ein seltener Moment,
den man als Pauli-Fan kaum kennt
Drum werd ich den Moment genießen,
und ihn ein klein wenig begießen

(Manchmal, sehr, sehr selten ja,
da werden Träume auch mal wahr)

Gleich alle Spiele, alle Tore,
da werd ich Pauli nochmal sehn,
St. Pauli steht auf der Empore,
ach dieser Tag ist wunderschön!

Und Freunde, auf der nächsten Seite,
da könnt ihr die Tabelle sehn
Ein schöner Start in die Länderspielpause...

1		St. Pauli	9	6	1	2	19	8	11	19	🟢🟢🟢❌🟢
2		Jahn Regens...	9	5	3	1	20	10	10	18	⚪🟢➖➖❌
3		SC Paderborn	9	5	2	2	20	10	10	17	🟢❌🟢🟢🟢
4		Schalke	9	5	1	3	16	11	5	16	🟢🟢❌🟢🟢
5		FCN	9	3	6	0	11	7	4	15	➖➖🟢🟢➖
6		Heidenheim	9	4	3	2	10	9	1	15	❌🟢🟢🟢➖
7		HSV	9	3	5	1	15	11	4	14	➖➖🟢🟢➖
8		Werder Bremen	9	4	2	3	14	12	2	14	🟢❌🟢🟢
9		Darmstadt 98	9	4	1	4	21	13	8	13	🟢❌🟢🟢🟢
10		KSC	9	3	4	2	14	11	3	13	➖❌🟢➖❌
11		Dynamo	9	4	1	4	13	11	2	13	❌🟢❌🟢❌
12		Düsseldorf	9	3	2	4	13	15	-2	11	🟢🟢➖❌❌
13		Hannover 96	9	3	2	4	7	12	-5	11	➖❌🟢🟢❌
14		Hansa Rostock	9	3	1	5	10	14	-4	10	🟢❌❌🟢🟢
15		Holstein	9	2	2	5	9	19	-10	8	❌🟢🟢➖🟢
16		SV Sandhausen	9	2	1	6	8	20	-12	7	🟢🟢❌❌❌
17		FC Erzgebirge	9	0	4	5	6	16	-10	4	➖❌❌❌❌
18		Ingolstadt	9	1	1	7	6	23	-17	4	❌❌❌❌🟢

Letzte 5 Spiele
🟢 Sieg

99

Länderspielpause
oder auch: Halbzeitpause
(des Gedichtbandes über die Hinrunde)

Acht Spiele stehen noch vor uns,
und Siegen, das ist keine Kunst
Denn bei uns, am Millerntor,
da kommt es bisher immer vor

Manches im Leben, das fällt schwer,
und ab und zu sogar auch sehr
Änderungen muss man erkennen
und dann auch mal beim Namen nennen

Und bei mir, es ist ja meines,
gibt's ein Problem, und zwar kein Kleines
Ich wehr mich seit Saisonbeginn,
aber langsam krieg ich's hin

Die Mauer stand noch (vor Äonen...),
da ging ich schon zum Stadiohn
Das hat mich immer sehr gefreut,
ich hab's so gut wie nie bereut

Im Sommer schwitzen, im Winter frieren,
es geht hier um das Akzeptieren
St. Pauli ist nun mein Verein,
und das wird niemals anders sein

Vor weit über 30 Jahren
bin ich erstmals da hin gefahren
Pauli war oft ne Gurkentruppe,
aber das war mir immer schnuppe

Hier ging es mehr um Politik,
und nicht so um die Champions League
Es ging viel um Gerechtigkeit,
fürs Siegen war nicht so viel Zeit

Ich werd St. Pauli immer lieben,
egal, wie oft wir es versieben,
egal, wie oft wir auch vergeigen,
und ob wir wieder mal absteigen

Das ist nun keine Arroganz,
es ist ganz einfach Akzeptanz:
Pauli kann guten Fußball spielen,
wir sind die Besten (von ganz vielen! (von 18))

Hamburg ist braun weiß

Die Mopo heute, und echt kein Scheiß:
Hamburg ist (na ja..) braun weiß
Pauli, die Nr. 1 der Stadt,
nun mal braun weiße Farben hat

Damals, mein Vater war ein Teen,
und Hamburg war noch nicht so green
Damals, die Zeit ist wirklich fern:
54, das Wunder von Bern

Das Wunder von Hamburg ging da etwas unter
das macht nicht traurig, das macht echt munter
Was sich da zugetragen hat:
Pauli, die Nr. 1 der Stadt

Und hier sagt euer Pauli-Kenner:
Das wird auch noch ein Dauerbrenner
Keine Nr. 1 wie Bayern,
aber ein Riesengrund zum Feiern

Im Januar könnt ihr mich dann rügen,
falls meine Worte strafen lügen
Was ist denn das für'n schräger Satz?
Egal, es zählt der Fußballplatz!

Wie war das noch im Pauli-Comic?
(St. Pauli 1, Bayern 0)
Lieber Gott, halt die Zeit an!

Gott bin ich nicht (kann nicht die Zeit anhalten),
kann höchsten meine Hände falten
Kann auch nicht in die Zukunft sehen,
weiß nicht, wo wir im Januar stehen

Aber ich denke mir mein Teil,
und wie's jetzt ist, ist richtig geil
Wann Pauli sicherlich aufstiege?
Es hülfen 25 Siege

Dabei, das ist mir klar,
dass schaffen wir wohl nicht
Aber es *wäre* wunderbar
und gar nicht fürchterlich

Ich verneige mich vor einem Spitzenteam
FC St. Pauli – What a dream!!!

Dick & doof

Dick und doof und jammerich,
OK, das bin ganz sicher ich
Und eines, das ist mir gewiss:
Vor der OP habe ich Schiss

Youtube machte mich etwas schlauer,
und nun weiß ich das genauer

So geht es nun ja mal nicht weiter
2 Monate schon gar kein Sport
Die Hüften werden immer breiter,
und die Kondition ist fort

In einem Monat, bei nem Bier,
dann hab ich das wohl hinter mir
Und kann auch endlich wieder laufen,
und vielleicht ein *paar* Bierchen saufen

Bin nicht gelaufen, nicht geschwommen,
und habe wohl auch zugenommen

Es ist sicher nicht kein Gramm Fett,
das ich am Körper trage,
aber ich bin nicht so bekloppt,
und stell mich auf die Waage

Ich mach's wie FCSP,
und komm von ganz weit unten
Und vielleicht (im Winterschnee...)
ist all das Fett verschwunden

Und falls nicht, ist auch egal,
scheiß aufs Schönheitsideal!
Ich mag mich so, wie ich halt bin
Zur Not auch mit nem Doppelkinn

(Dann trink ich einen Doppelkorn,
und starte nochmal ganz von vorn)
Das nächste Jahr, das ist doch klar,
das wird ganz einfach wunderbar!

St. Pauli wird die Liga rocken,
und da bleibt kein Auge trocken
Und rocken werde ich dann auch,
mit meinem schönen Waschbärbauch...

Jammern auf höchstem Niveau

Bei mir steht's nicht so oft in Klammern,
dieses eine Wort (das Jammern)
Doch heute (macht mich so was froh?),
erreicht es das höchste Niveau

St. Pauli muss heut noch pausieren,
kann weder siegen noch verlieren
Morgen geht's gegen Heidenheimer,
das sagt euch euer Pauli-Reimer

St. Pauli ist noch ganz weit vorn,
auf 3, da steht noch Paderborn
Und es spielen auch 2 und 4:
Regensburg, Schalke (das Revier)

Warum mache ich mir Sorgen? -
mein Pauli kickt ja doch erst morgen
Es ist noch immer alles drin,
und ja: St. Pauli kann gewinnen

Ich höre auf mit all den Klammern,
und auch mit niveauvoll Jammern
Das heißt, ich lehne mich zurück,
denn Pauli hat vielleicht auch Glück

Das eine Spiel ein Unentschieden,
Regensburg : Paderborn,
ich wäre morgen sehr zufrieden,
hätt keiner von den beiden verloren

Und Schalke müsste sehr hoch siegen,
um an uns vorbeizufliegen
Also schlimmstenfalls Platz 2,
dann ist noch nicht alles vorbei

Ob's die Tabelle interessiert,
falls Pauli morgen doch verliert?
Dann wäre Pauli auf Platz 2,
das Leben ist dann nicht vorbei...

Das beste Pauli aller Zeiten,
es könnte auch mal leben mit Pleiten
Dass ich das kann, macht mich so froh:
Jammern auf höchstem Niveau!

10. Spieltag
Heidenheim : St. Pauli (2:4)

Mein Angstgegner

Heidenheim? Nur Konferenz -
Nix für labile Pauli-Fans
Da ist ja schon so viel geschehen,
das kann ich nicht komplett ansehen

Der Rückstand schon nach 4 Minuten,
mein Pauli-Herz war fast am Bluten
Aber egal! Ich blieb entspannt,
ein gutes Jahr fürs Pauli-Land

Und Heidenheim, ne harte Nuss,
die man auch erst mal knacken muss

Nach 4 Minuten zurückgelegen,
und danach noch das Spiel gedreht
Der Fußballgott gibt seinen Segen,
und Pauli zeigt, wie Fußball geht

Ich muss mich hier noch mal verneigen:
Ich glaube, dass wir nicht absteigen!
Das war ein kleiner Scherz am Rande,
auch dazu bin ich mal imstande...

Was für ein Spiel, so wunderschön -
St. Pauli: richtig souverän
Wir sind im Herbst – null Sommerhitze,
Pauli steht einsam an der Spitze

Bitte verzeiht mir meine Freude,
dass ich hier wieder Platz vergeude
Aus diesem Grund, an dieser Stelle,
ein kurzer Blick auf die Tabelle:

#	Team									Letzte 5 Spiele
1	St. Pauli	10	7	1	2	23	10	13	22	✓ ✓ ✓ ✓ ✗
2	Jahn Regens…	10	5	4	1	21	11	10	19	− − ✓ − −
3	Schalke	10	6	1	3	17	11	6	19	✓ ✓ ✓ ✗ ✓
4	SC Paderborn	10	5	3	2	21	11	10	18	− ✗ ✓ ✓ ✗
5	KSC	10	4	4	2	16	12	4	16	✓ − ✗ ✓ −
6	FCN	9	3	6	0	11	7	4	15	− − ✓ − ✓
7	Heidenheim	10	4	3	3	12	13	-1	15	✗ ✗ ✓ ✓ ✓
8	HSV	9	3	5	1	15	11	4	14	− − ✓ ✓ ✓
9	Werder Bremen	9	4	2	3	14	12	2	14	✓ ✗ ✗ ✓ ✓
10	Darmstadt 98	9	4	1	4	21	13	8	13	✓ ✗ ✓ ✗ ✓
11	Dynamo	9	4	1	4	13	11	2	13	✗ ✓ ✗ ✗ ✗
12	Düsseldorf	9	3	2	4	13	15	-2	11	✗ ✓ − ✗ ✓
13	Hannover 96	10	3	2	5	7	13	-6	11	✗ − ✓ ✓ ✓
14	Hansa Rostock	9	3	1	5	10	14	-4	10	✓ ✗ ✗ ✓ ✗
15	Holstein	10	2	3	5	10	20	-10	9	− ✗ ✓ ✓ −
16	SV Sandhausen	9	2	1	6	8	20	-12	7	✗ ✓ ✗ ✗ ✗
17	Ingolstadt	10	1	2	7	7	24	-17	5	− ✗ ✗ ✗ ✗
18	FC Erzgebirge	10	0	4	6	7	18	-11	4	✗ − ✗ ✗ ✗

Letzte 5 Spiele
✓ Sieg

Wunderheilung

Es ist nicht gut, doch vom Gefühl her besser
Und ich muss noch nicht unters Messer
Ein andrer Arzt (Finger erhoben)
hat doch die OP verschoben

Denn die erste Diagnose,
die ging echt total in die Hose
Noch hab ich keinen Grauen Star -
Er kommt, ist aber noch nicht da

Tja, meine lieben Leute,
ich weiß es erst seit heute

Klar, es ist nur aufgehoben,
OP auf irgendwann verschoben
Wohl irgendwann im nächsten Jahr
ist dann ne neue Linse da

Bis dahin wieder sehen lernen,
so was hat man ja auch gern
Ab jetzt, ich sag es etwas stumpf,
ist hier dann nur noch Pauli Trumpf

Der beste Club der 2. Liga,
ich fühl mich heute wie ein Sieger
Schönere Tage haben begonnen,
ich habe etwas Zeit gewonnen

Ist keine Drohung, nur ein Versprechen,
und ich werde es nicht brechen:
Worauf *jetzt* Gedichte blicken,
ist Politik und auch das Kicken

Und die Zukunft:
Wie war das noch mit A? Was hast du jetzt?
Abitur?
Nein: Aufstiegsträume...
(Frei nach Der Badesalzfilm)

Träume sind zwar Schäume, doch sie sind schön,
und die Saison wird weitergehn...

Seitensprung

Ich will auch mal was andres schreiben,
nicht immer nur vom Millerntor
Und ich will es auch übertreiben,
und das geht nicht ohne Humor

Mit Kicken ist für mich noch Pause -
Zwischen den Pfosten, der Platz, verwaist
Nicht mehr im Tor, leider zu Hause,
und manchmal denk ich *So ein Scheiß*

Ich weiß, ihr werdet's nicht verstehn,
denn eigentlich würd es wieder gehen
Vielleicht sogar beim HSV?
Ey, nicht aufs Auge, au, au,au!

Für den *FC* spiel ich ja schon,
für die Abteilung Marathon
Schon oft bei der St. Pauliade,
lang nicht gewesen, das ist schade

Mit Wehmut denke ich zurück,
im Tor zu stehen, was für ein Glück
Und ich wäre allemal
nicht schlechter als beim letzten Mal

Das letzte Spiel, es war vertrackt,
das habe ich total verkackt
Hoch verloren, nicht gut gehalten,
kein guter Tag, ich sag's dir, Alten

Ich spiel fast immer ohne Brille,
und dabei, das ist fast schon magisch
Entspannt und mit innerer Stille
kann ich gut halten, gar nicht tragisch

Mir fehlt es so, im Tor zu stehen,
der grüne Rasen, das Kicken, so schön
Doch momentan wär das wohl teuer,
ein wenig blind, nicht Manuel Neuer

Aber ich weiß, im nächsten Jahr,
da bin ich *sicher* wieder da

Im Tor, so wie im Rinderwahn,
bin ich doch eher Olli Kahn
(der beste Torwart aller Zeiten,
das kann ja wohl kein Mensch bestreiten!)

„Freundschaftsspiel"

Heut steht nicht so viel auf dem Spiel,
und ja, es ist kein Freundschaftsspiel
Hansa Roschtock, ohne Fans,
dafür kommen ein paar Hooligans

Und ja, es wäre übertrieben,
zu sagen, dass wir uns innig lieben
Hier in Hamburg, die Rostock-Fans,
sprühen nicht vor Intelligenz

Was sie gemacht haben, das ist nämlich
so was von unfassbar dämlich;

Die letzte Hirnzelle versenkt,
und Schweineköpfe aufgehängt
Und auf dem Banner *Paulischweine*,
die letzte Hirnzelle war wohl alleine

Warum sind sie denn nun nicht hier
(im Stadion), und es gibt Bier?
Es gibt Corona noch oje,
und im Stadion ist 2G

Deshalb wollten sie nicht kommen,
(Eintrittskarten nicht angenommen)
Dabei seid ihr immun, ihr Prolls,
denn Viren, die haben auch ihren Stolz

Und eins wird euch wohl auch frustrieren,
bei Pauli könnt ihr nur verlieren
Ich sage euch auch schon goodbye,
ihr seid so Bundesliga 3

Der Abschied wird euch nicht versüßt,
bei uns in Hamburg sagt man tschüss
Von mir gibt's noch verbal nen Tritt,
und nehmt die Schweineköpfe mit...

11. Spieltag
St. Pauli : Hansa Rostock (4:0)

Weltklasse

Ich muss schon sagen: das hat gerockt
Hansa Rostock unter Schock
Das ist ja ein spezielles Spiel,
der Sieg bedeutet uns sehr viel

Ob wir aufsteigen? - unerheblich,
ich werde jetzt nicht überheblich
Darüber denk ich gar nicht nach,
und echt mal: Pauli macht mich schwach...

6. Heimsieg im 6. Spiel,
weltklasse, fast schon zu viel
Aber ich will mich nicht beklagen,
wenn ab Platz 2 uns alle jagen

Die englische Woche hat begonnen,
das erste Spiel ist schon gewonnen
Am Dienstag DFB-Pokal,
das Dresden-Spiel wird keine Qual

Und zum Schluss, ist Bremen dran,
egal, ob wir verlieren, dann
sind wir noch immer Spitzenreiter,
sind noch Erster und nicht Zweiter

Die Tabelle kommt noch, klar
Denn besser geht's nicht, das ist wahr
Es ist voll schön und eine Wonne,
und ich geh gleich in die Sonne...

Die beste Liga aller Zeiten,
die haben wir diese Saison
Pauli steht dabei ganz weit oben,
wirklich mal, da träumst du von

Vielleicht sind das nur Höhenflüge,
aber es ist keine Lüge:
Die Tabelle lügt ja nicht,
und so schön ist ihr Gesicht!

Es ist nun so, dass man nicht staune:
ich hab heut keine schlechte Laune
Auch wegen dem Saisonverlauf,
ich hoffe, ich wach nie mehr auf...

Haut mir nicht aufs Mauli,
es geht halt um St. Pauli...
Immer weiter
Spitzenreiter!

1	St. Pauli	11	8	1	2	27	10	17	25	✔✔✔✔✔
2	Jahn Regens...	11	6	4	1	24	12	12	22	✔➖➖✔➖
3	Schalke	11	7	1	3	20	11	9	22	✔✔✔✔✘
4	FCN	11	5	6	0	16	7	9	21	✔✔➖➖✔
5	SC Paderborn	11	5	3	3	22	13	9	18	✘➖✔✘✔
6	HSV	11	4	6	1	18	13	5	18	✔➖➖➖✔
7	Darmstadt 98	11	5	2	4	25	14	11	17	➖✔✔✘✔
8	KSC	11	4	4	3	17	15	2	16	✘✔➖✘✔
9	Düsseldorf	11	4	3	4	17	17	0	15	✔➖✘✔➖
10	Werder Bremen	11	4	3	4	16	17	-1	15	➖✘✘✔✘
11	Heidenheim	11	4	3	4	12	17	-5	15	✘✘✘✔✔
12	Dynamo	11	4	1	6	13	15	-2	13	✘✘✔✔✘
13	Hansa Rostock	11	3	2	6	11	19	-8	11	✘➖➖✔✘
14	Hannover 96	11	3	2	6	8	16	-8	11	✘✘➖✘✔
15	Holstein	11	2	4	5	11	21	-10	10	➖➖✘✔✘
16	SV Sandhausen	11	2	3	6	11	23	-12	9	➖➖✔✔✘
17	FC Erzgebirge	11	1	4	6	8	18	-10	7	✔✘➖✘✘
18	Ingolstadt	11	1	2	8	7	25	-18	5	✘➖✘✘✘

Letzte 5 Spiele

✔ Sieg

DFB-Pokal 2. Runde
Dresden : St Pauli (2:3)

Arbeitssieg!

Vor 16 Jahren war's einmal,
da hieß es noch: Wir sind Pokal!
(Die Älteren tun das noch wissen),
danach lief's immer nur beschissen

Der DFB-Pokal-Verdruss,
fast immer war nach einem Spiel Schluss
Ich denke nach, was soll ich schreiben
ohne hier zu Übertreiben?

6 Siege sind es nun am Stück,
mein altes Pauli? - Komm nicht zurück!
Wir können Fußball, ich hab's begriffen,
nicht nur feiern, saufen, kiffen

Nicht dass man den nun falsch versteht,
der ewig schon zu Pauli geht:
Pauli war immer das Beste der Welt,
doch guter Fußball? Ein anderes Feld...

Ich liebe es, ich lieb es sehr,
doch das Begreifen fällt mir schwer:
Kicken wie in der Champions League,
fast jedes Spiel bringt einen Sieg

Mir fehlen heute fast die Worte,
ein Spiel wie ne Champagnertorte
Und Gegentore mit Humor:
Ein Abseits und ein Eigentor

Obwohl, das ist mal wirklich Quark,
denn Dresden war unglaublich stark

Mir kommen gerade fast die Tränen
(das sollte ich wohl nicht erwähnen):
Das beste Pauli aller Zeiten
werd ich diese Saison begleiten

Ich werd weiter Gedichte schreiben,
und nein, ich lasse es nicht bleiben,
wenn ich schreib, wie Pauli spielt
(und das ist echt kein Scheiß),
bekomm ich (mindestens gefühlt)
nen Literaturnobelpreis...

12. Spieltag
Werder Bremen : FC St. Pauli (1:1)

Arbeits-Unentschieden...

Die Siegesserie ist gerissen,
das ist nicht schlimm und nicht beschissen
Und egal, was auch geschieht,
wir sind immer Favorit

Über uns ist nur der Himmel,
und unter uns ganz viel Gewimmel
Der 2. Platz: 4 Punkte weiter
(unschlagbare St. Pauli-Fighter!)

Ich dachte, heut geht es daneben,
damit könnte ich auch gut leben
Und irgendwann lagen wir hinten,
da halfen uns mal keine Finten

Aber, und das konnten wir früher nicht:
Wir kämpften uns zurück ans Licht
Über uns scheinen alle Sonnen:
Wir haben 1:1 gewonnen!

Der HSV spielt heut noch (spät),
der weiß noch, wie Verlieren geht
Wir haben's irgendwie verlernt,
sind vom Verlieren weit entfernt

Das Wunder der Saison geht weiter:
FC St. Pauli (Spitzenreiter!)
Was Schönes hat sich zugetragen,
warum werd ich mich nicht mehr fragen

Ich werde den Moment genießen,
und den 1. Platz begießen
Dazu HSV gegen Kiel,
vielleicht ja auch ein schönes Spiel...

Die Nummer 2 der Hansestadt
setzt dann vielleicht die Kieler matt
Die HSVer sind nicht zufrieden
(Die Könige des Unentschieden)

Kein Spiel – nur ein Vorspiel

Das ist echt total gemein:
Ich muss für Hansa Rostock sein...

Sonntag bleibt der Fan zu Haus,
denn das Spiel, das fällt wohl aus
Der SVS ist nicht zur Stelle,
er hat 18 Corona-Fälle

Sollte Regensburg verlieren,
dann kann Pauli nichts passieren
Tritt punktemäßig auf der Stelle,
bleibt Spitzenreiter der Tabelle

2 Wochen Pause

Super, ich bekam meinen Willen,
jetzt bin ich mal voll am Chillen
2 Wochen weiter ganz weit oben,
da können die anderen noch so toben

An Hansa Rostock geht mein Dank,
sie hatten den Tiger im Tank
und konnten Regensburg besiegen,
weshalb wir weiter oben fliegen

Wie wird das alles weitergehn?
Keine Ahnung, werden wir sehn
Entern Paulis Überflieger
nächstes Jahr die 1. Liga?

In knapp 4 Wochen, da träum ich schon von,
da gehe ich ins Stadion
Dann kommt Schalke (aus dem Revier) -
Ich glaub, gewinnen werden wir

2 Wochen Pause werd ich nutzen,
aber nicht zum Fensterputzen:
Der Reime-Schmied, der „stemmt Gewichte"
und überarbeitet Gedichte

Er wird mit Freuden weiterleben
und dabei sein Bestes geben
Er wird dabei ein Bierchen trinken
und dir aus der Ferne winken

Ein seltener Besuch

Der Fußballgott kam zu Besuch,
und er hat fürchterlich geflucht
Ey, du kleiner Schreiberwicht!
Sag mal, seid ihr nicht ganz dicht?

Da bin ich einmal ein Jahr weg,
und ihr, ihr kümmert euch n Dreck
Verstehst du eigentlich, was ich meine? -
Es gibt noch andere Vereine!

Ich sagte ihm „Ey, komm mal runter!
Und was machst du eigentlich hier?
Hier, nimm das, das macht dich munter"
Und ich reichte ihm ein Bier

Er hat dann erst mal blöd geguckt,
dann nahm er einen großen Schluck
Wir sprachen beide lange Zeit,
bei sehr viel Bier, und ohne breit

(Da braucht echt keiner drüber lachen,
Fußballgötter *können* das machen)
Es wurde eine lange Nacht,
was hatte ihn so aufgebracht?

Was ist bloß in euch gefahren?
Nur einmal Urlaub in 10 Jahren,
da komm ich gerade aus dem Flieger,
und ich erkenn die Welt nicht wieder

Ihr spielt wie einst Real Madrid,
da komm ich wirklich nicht mehr mit
Und wie habt ihr das geschafft,
ohne meine Götterkraft?

Der Fußballgott war voll frustriert,
er wusste nicht, was hier passiert
Und ich musste ihn runter bringen -
würde mir das auch gelingen?

Ich sagte ihm ganz resolut:
„St. Pauli *ist* einfach so gut,
wir haben dich doch gut vertreten
mit Fußballspielen und Gebeten"

Der Fußballgott grinste mich an
(er ist ja auch ein guter Mann)
Dann will ich mich nicht mehr aufregen,
ich geb St. Pauli meinen Segen!

FC St. Pauli forever

Vielleicht sollt ich mich was schämen,
mit meinen Luxusproblemen
Wie Ikarus gen Sonne fliegen,
mit Spitzenfußball und viel Siegen

Für Pauli geb ich mein letztes Hemd,
und mir ist das noch immer fremd
Auch wenn die Leser jetzt laut stöhnen,
ich will mich nicht daran gewöhnen

Pauli ist *immer* voll der Hit,
aber doch nicht Real Madrid
oder FC Liverpool
Nur eines sind wir: Megacool!!!

Träumen und Kämpfen für die Welt,
wie sie am Schönsten wär,
und Fußball, der auch mal nicht gefällt,
läuft doch eher nebenher

Seit Jahrzehnten geh ich hin,
von spindeldürr bis Doppelkinn
konnte ich hier alles erleben
und war noch nie so sehr am Schweben

Und Siegen darf nicht alles sein,
Pauli ist doch sehr viel mehr!
Der etwas andere Verein
(doch Punkte geb ich nicht mehr her)

Und sollte es wirklich passieren,
dass wir gar nicht mehr verlieren
Und steigen wir in die 1. auf,
dann nehme ich das auch in Kauf

Aber letztendlich ist *das* egal
(das Leben ist auch manchmal Qual)
Ich träume wie ein kleines Kind
und hoff, wir bleiben, wie wir sind!

Ob Erste, Zweite oder Dritte,
und mancher sagt *Ey, was'n ditte?*
Hauptsache wir kämpfen, fressen Gras
und haben hier auch unsern Spaß!

Ein Club wie alle andern? - Never!
Wir sind St. Pauli, und das forever!

Vorfreude und Schadenfreude

Es ist gemein: Underdogs feiern,
gibt es Siege gegen Bayern
Aber obwohl, von wegen Sieger:
Wir sind die Bayern der 2. Liga

Paderbohrn hat verlorn,
deshalb sind wir noch immer vohrn
Das ist jetzt „Lautmalerei",
keine Angst, ist gleich vorbei

Bei 11°, fast schon Sommerhitze,
geht es um die Tabellenspitze
Regensburg, beim HSV,
die sollen verlieren, echt, genau!

Für uns ist heut ein Spitzenkick,
da brauchen wir echt sehr viel Glück,
und holen wir da auch den Dreier,
fühlt sich das an wie Aufstiegsfeier

3 Spiele sind es in 9 Tagen,
in denen wir 9 Punkte jagen
Neben Darmstadt und Sandhausen,
lehren wir Nürnberg noch das Grausen

Bei 9 Punkten kann man sagen:
Nur wir selbst können uns noch schlagen...

Wir sind nicht Bayern, nicht abgehoben,
wir bleiben lieber fest am Boden

Aber wer an Pauli glaubt,
für den sind Träume auch erlaubt...:

Eine Welt mit nie wieder Krieg,
St. Pauli in der Champions League
Corona ist dann nur noch Bier,
und statt 3 Punkten kriegen wir 4 (-;

Aber zurück zum Hier und Heute
und zu St. Paulis Punktebeute:

Ich weiß nicht, was nachher geschieht,
beim Spiel sind beide Favorit:
13 Punkte aus zuletzt 5 Spielen,
mehr kann man wirklich kaum erzielen

Don't try this at home
(bitte nicht nachmachen):
Spielvorbereitung

Gestern, was Lustiges zu tun,
das war Biertasting, über Zoom
5 Biere waren im Angebot,
nichts, was den Schädel so bedroht

Das letzte hatte 12%,
was man von Astra nicht so kennt
Zum Schluss, da war ich echt betankt
und bin zu Fuß nach Haus gewankt

So was nennt man dann wohl breit,
Starkbier ist keine Kleinigkeit
Aber auch beim letzten Glas
machte das total viel Spaß

Samstag 11 Uhr, der Kopf ist klar,
das Biertasting war wunderbar
5 neue Biere auspro*biert*,
mein Kopf, der ist nicht explodiert

Ich sage nur: Mach das nicht nach,
hast du danach nen Arbeitstach,
bei mir war das nicht der Fall,
sondern voll geil, gleich rollt der Ball

Und wer hier schreibt (sprich: der Verfasser)
trinkt dazu dann ein paar Glas Wasser
Aber, und das ist kein Stuss:
das war gestern echt Genuss

Hamburger waren dabei und Bayern,
Kenner, die gute Biere feiern
Doch eins hab ich lang nicht gekannt,
die Folge, und das war der Brand...

14. Spieltag
Darmstadt : St. Pauli (4:0)

Ernüchtert...

Das war so'n kleiner Supergau:
Heute ist Hamburg schwarz-weiß-blau
Und leider gar nicht so braun-weiß,
das Ergebnis: So ein Scheiß!

Und ehrlich: Darmstadt war viel besser,
wir liefen oft ins offene Messer
Aber trotzdem: kümmert's mich?
Ich würde sagen: eher nicht!

Man kann nicht immer nur gewinnen,
sonst fangen wir noch an zu spinnen

Die Klatsche kam zur rechten Zeit,
bald zeigt es sich: sind wir so weit,
um nächstes Jahr dann aufzusteigen,
oder geht's weiter mit Vergeigen?

Vielleicht haben wir am Mittwoch Glück:
Der Spitzenreiter kehrt zurück?
Jetzt lass die Stellinger ruhig feiern,
Mittwoch gibt's Neues von den „Bayern"

Ein Unentschieden würde reichen,
um das Spiel heute auszugleichen,
dann wären wir wieder auf Platz eins,
und das wär sicher ganz was Feins

Nein, ihr hört mich nicht laut stöhnen,
muss ich mich ans Verlieren gewöhnen?
Aber das ist kein Grund zum Flennen,
dass wir auch mal verlieren können

Ein Schelm, wer hier was Böses denkt:
Der Aufstieg wird uns nicht geschenkt
Er fällt uns nicht so in den Schoß,
die Anstrengung, die wird noch groß

„Ernüchtert" passt auch nicht so richtig,
verlieren zu können, ist wirklich wichtig
Und in acht Tagen sind wir schlauer,
schaun mer mal, sagt Beckenbauer
Und ich schiebe keine Trauer!

Sinnsuche

Manchmal such ich ihn vergebens:
Den hochgelobten Sinn des Lebens
Nach nem verlorenen Fußballspiel
wird mir auch mal alles zu viel

Besonders in den dunklen Tagen
stell ich mir oft die falschen Fragen:

Hat das Leben einen Sinn?
Wieso hab ich ein Doppelkinn?
Ach da ist nur eins, wie schön,
ich hab es nur doppelt gesehn

Werden wir wiedergeboren?
Wieso hat Pauli nur verloren?
Warum stell ich die falschen Fragen? -
Das kann ich wirklich echt nicht sagen

Zum Glück sind dunkle Tage selten,
da kannst du dich auch voll erkälten,
bist du in einem Negatief,
dann geht auch die Gesundheit schief

Mag es auch dunkle Tage geben,
es ist so wunderschön, das Leben
Du gibst dein Leben nicht zurück,
denn du glaubst fest an das Glück

Nimm das Leben mit Humor,
dann kommt es dir viel schöner vor,
das beste Leben hat begonnen
(Ich hätte trotzdem gern gewonnen...)

Ergibt das alles etwas Sinn?
Erkenntnis nehm ich gerne hin
Und hast du etwas Gottvertrauen,
kannst du besser auf dich bauen

Laber, salbader, philosophier,
was für ein Text ist das denn hier?

Weiche Worte, keine harten,
werd weiter auf die Zukunft warten
Und dafür sorgen, dass sie gelingt,
ich glaube, dass das echt was bringt...

13. Spieltag (Nachholspiel)
St. Pauli : Sandhausen (3:1)

Zurück an die Spitze

Das war schön,
und souverän,
und meistens auch gut anzusehen,
und spannend war es außerdem!

Mein Puls hat Höchstwerte erreicht,
denn immer war es echt nicht leicht,
es für uns zurechtzubiegen,
den 7. Sieg noch hinzukriegen

Das Spiel war nicht unsagbar,
am Millerntor unschlagbar
7 Siege in 7 Spielen,
mehr kannst du nicht erzielen

Wir sind heute nicht gekentert
und haben das nächste Schiff geentert
Sorry dafür, du Sandhausen
lerntest hier heute das Grausen

Aber wir hatten auch Glück,
egal, wir sind wieder zurück
Daran ist sicherlich was Wahres:
St. Pauli ist das Team des Jahres!!!

Bald ertönt der Gong
zur Halbzeit der Saison
Das war echt ein Befreiungsschlag,
so dass ich wieder träumen mag

Drei Spiele noch und dann juchhei,
ist dieses kleine Buch vorbei
Ganz viel hab ich dann berichtet
und die Hinrunde „verdichtet"

Das war wirklich richtig scheun,
ich mach nun Schluss und tu mich freuen...

Ach komm, was solls,
es ist so schön,
noch einmal die
Tabelle sehen:

										Letzte 5 Spiele
1	St. Pauli	14	9	2	3	31	16	15	29	✓ ✗ ⊖ ✓ ✓
2	Darmstadt 98	14	8	2	4	35	16	19	26	✓ ✓ ✓ ⊖ ✓
3	SC Paderborn	14	7	4	3	28	16	12	25	⊖ ✓ ✓ ✗ ⊖
4	Jahn Regens...	14	7	4	3	30	19	11	25	✗ ✗ ✓ ✓ ⊖
5	FCN	14	6	6	2	19	12	7	24	✓ ✗ ✗ ✓ ✓
6	HSV	14	5	8	1	24	16	8	23	✓ ⊖ ⊖ ✓ ⊖
7	Schalke	14	7	2	5	23	17	6	23	⊖ ✗ ✗ ✓ ✓
8	Heidenheim	14	6	3	5	15	20	-5	21	✓ ✓ ✗ ✗ ✗
9	Werder Bremen	14	5	5	4	20	20	0	20	⊖ ✓ ⊖ ⊖ ✗
10	KSC	14	4	6	4	21	21	0	18	⊖ ⊖ ✗ ✗ ✓
11	Hansa Rostock	14	5	2	7	17	24	-7	17	✗ ✓ ✓ ✗ ⊖
12	Düsseldorf	14	4	4	6	19	21	-2	16	✗ ⊖ ⊖ ✓ ⊖
13	Dynamo	14	5	1	8	15	18	-3	16	✓ ✗ ✗ ✗ ✗
14	FC Erzgebirge	14	3	5	6	13	20	-7	14	✓ ✓ ⊖ ✓ ✗
15	Hannover 96	14	3	5	6	10	18	-8	14	⊖ ⊖ ⊖ ✗ ✗
16	Holstein	14	3	5	6	15	25	-10	14	✗ ✓ ✓ ⊖ ⊖
17	SV Sandhausen	14	3	3	8	14	28	-14	12	✗ ✗ ✓ ⊖ ⊖
18	Ingolstadt	14	1	3	10	9	31	-22	6	⊖ ✗ ✗ ✗ ⊖

Letzte 5 Spiele
✓ Sieg

141

Out of Pauli?

Hab keinen Grund, mich zu beklagen
Ich will einfach mal Danke sagen!
Danke für ein schönes Leben,
das kann es trotz Corona geben

Danke für das Hier und Jetzt,
und dass die Hoffnung stirbt zuletzt
Fürs kleinste Licht in dunklen Zeiten
und auch für viele „Kleinigkeiten"

You'll never walk alone ist gut,
du verlierst niemals deinen Mut
Dass du so vieles überstehst,
wenn du weiter aufrecht gehst

Leben ist heilig und meistens schön,
auch mit Werden und Vergehen
Dass du Liebe spürst – und Schmerz,
das ist gut, du hast ein Herz!

So lang ein Mensch sein Herz noch spürt,
so lange vieles ihn berührt
Manchmal muss man sich auch beklagen
und kann trotzdem Danke sagen

Danke für unser Stadion!
Für eine himmlische Saison!
Für Hoffnung vor jedem Pauli-Spiel -
Das ist wirklich nicht zu viel

Danke, dass wir fast nie vergeigen
(und jetzt wohl echt nicht mehr absteigen...)
Und echt, es ist unendlich scharf,
dass ich das erleben darf

Doch egal in welcher Liga,
mit Pauli bist du immer Sieger!
(Das Phrasenschwein bedankt sich wieder (-;)
Wir sind die Freibeuter der Liga

Ein kleines Licht in dunklen Tagen:
Zu Hause immer ungeschlagen
Bisher ein Sieg in jedem Spiel,
ein Dank ist dafür nicht zu viel

Und die erste Kerze brennt:
Es ist der 1. Advent

15. Spieltag
Nürnberg : St. Pauli (2:3)

Bei uns im Tor steht ein Titan,
so gut wie einst Oliver Kahn
10 Siege, das ist nicht alltäglich,
Vasili macht uns so was möglich

Unsere Nr. 1 kann fliegen,
ein Rückhalt bei so vielen Siegen
Und wirklich, wirklich, aber echt:
Keiner spielt bei Pauli schlecht

Spät abends sitz ich, schreib das auf,
und hoff, morgen wach ich nicht auf,
und es war alles nur ein Traum,
denn glauben kann ich das hier kaum

Am Samstag, das ist echt das Tolle,
und darauf freu ich mich wie Bolle,
kommt zu uns Schalke 04,
im Kühlschrank wartet kaltes Bier

Dann kommt wieder ein Spitzenspiel,
und wirklich: ich will gar nicht viel
Nur mein Bier, das soll schäumen,
und ich will nicht alles nur träumen

Ich genieße den Moment,
und 77 in Prozent,
das ist die Wahrscheinlichkeit,
für Paulis Aufstieg seinerzeit

Nicht den Tag vor dem Abend loben,
noch, da sind wir ganz weit oben
Und wenn wir immer alles geben,
können wir das vielleicht erleben

Corona ist wieder voll am Start,
die 4. Welle trifft uns hart
Mein Asthma (Risikopatient)
ist, was mich vom Stadion trennt

Aber zum Glück gibt es ja Sky,
da bin ich immer voll dabei,
weil ich da alles sehen kann
Zu Hause steck ich mich nicht an

„Vorspiel"

Heute ist das Spiel des Jahres,
obwohl da auch eine Gefahr ist;
Bei allerschönstem Winterwedder
ist das vielleicht der Superspreader

Corona-Zahlen wie noch nie,
fast volles Haus bei St. Pauli,
nur einer wird da heute fehlen,
auf mich könnt ihr da echt nicht zählen

Aber egal, es wird gekickt,
die Vorbedingungen sind verrückt
Trainer-Corona auf beiden Seiten,
und viele Fans, 0 Angst vor Pleiten

Nirgendwo ein volles Haus,
und wir reizen fast alles aus,
mit Folgen?; das wird man noch sehen
Ich kann das wirklich nicht verstehen

Aber nun zurück zum Spiel,
Corona war hier etwas viel
Wir, die im Fußball-Himmel fliegen,
können wir auch gegen Schalke siegen?

8 x zu Hause, 8 x ein Sieg,
dann wären wir *so* Champions League
Und wären wir heute der Verlierer,
wir wären trotzdem Tabellenführer

Trotz allem freu ich mich auf den Kick,
wünsch mir die alte Zeit zurück
Aber man soll's nicht übertreiben:
Pauli soll so wie heute bleiben

Warum heißt es nur Herbstmeister,
wo nun doch tiefster Winter ist?
Wird Pauli noch ein bisschen dreister?
Mit nem Sieg heute, wär der Titel gewiss...

Es war wirklich kein leichtes Jahr
(für mich), nicht alles wunderbar
Doch *Pauli* brachte mich zum Schweben
und es ist schön, das zu erleben!!!

Mein Tipp für heute ist ein Sieg
(und in 2 Jahren die Champions League (-; ...)

05.12.2021

16. Spieltag
St. Pauli : Schalke 04 (2:1)

Herbstmeister...

Der Trophäenschrank fast leer -
Da musste noch ein Titel her
Ich bitte, dass ihr mir vergebt:
Sehr viel hab ich da nicht erlebt

Klar: Der beste Club in jeder Liga,
und Weltligapokalsiegerbesieger
Und der Hamburger Titel, na wie heißt er?
Seit Jahren fast immer der Stadtmeister

Herbstmeister waren wir glaub ich noch nie,
ne echte Wundertüte: St. Pauli!
Sehr gute Spiele – und souverän -
so gut, dass einem die Augen tränen

Terodde war gestern nicht da,
zum Glück, der Sieg war dadurch nah
Bei uns spielte der große Knaller,
mit 14 Toren (Guido Burgstaller)

Morgen kommt der Nikolaus,
drum stellt auch eure Schuhe raus -
Das Geschenk war ja schon drin:
Der nun schon 8. Heimspielgewinn

Ich glaube nicht mehr ans Vergeigen,
nun glaub ich, dass wir echt aufsteigen
Und sicher hilft bei solchen Zielen,
jedes Spiel so gut zu spielen

Pauli, ich mach mir keine Sorgen!
Egal, was kommt, das liegt im Morgen
Das Heute, ich denke mal kurz nach,
das ist kein Traum, denn ich bin wach

Das beste Pauli: in diesen Tagen,
wir können uns nur noch selber schlagen!

Am Anfang dacht ich, es sei ein Fluch,
diese Idee mit diesem Buch
Doch nun, da bin ich ein Chronist,
vom Spitzenreiter, was besser ist (-;

Weihnachtliches St. Pauli (es schneit...)

Leise pieselt das Reh,
gelb verfärbt sich der Schnee

(Das ist *nicht* von mir, also nochmal...)

Leise rieselt der Schnee,
Fußball tut gar nicht mehr weh
Der FC St. Pauli gewinnt,
ein schöner Traum oft so beginnt

Gestern ne heilige Nacht,
und heute bin ich erwacht
Mein Traum hört gar nicht mehr auf,
der FC St. Pauli steigt auf...

Leise rieselt der Schnee
Auch wenn ich es nicht versteh,
wir sind besser als Liverpool,
der FC St. Pauli ist cool!

Leise rieselt der Schnee,
und ich ruf leise *juchhe*
Bescherung ist jeden Spieltag,
was ich sehr gerne auch mag

Draußen sind ganz viele Flocken,
die in der Winterluft rocken
St. Pauli rockt derweil die Liga,
fast jedes Mal sind wir der Sieger

Das Christkind trägt gerne braunweiß,
der 1. Platz, was für ein Preis
Es war auch schon am Millerntor
und sang mit den Fans laut im Chor

Erwachsenes Christkind war „hot",
verliebte sich in Fußballgott,
vielleicht sind wir deshalb weit oben;
ein Grund einmal beide zu loben!

Leise rieselt der Schnee,
so schön, wenn ich durchs Fenster seh
Und Weihnachtsgefühle im Herzen,
so schön: Fußball mal ohne Schmerzen

Leise rieselt der Schnee,
und sicher ist, was ich seh:
Bescherung ist am Millerntor,
und das geht nicht ohne Humor!

Kontakt-Vermeidung (Eine Entscheidung)

Wir sind nun in der 4. Welle,
Corona, was für eine Hölle!
Will man sein Leben nicht verlieren,
hilft nur Kontakte reduzieren...

Weihnachtsfeiern fallen aus,
und viele gehen nicht aus dem Haus,
wenn es nicht dringend nötig ist;
Corona-Durchbruch ist *auch* Mist

Freiwillig bin ich im Lockdown,
denn ich hab nicht so das Vertrauen,
das ich mich nicht anstecken werde
Die Ansteckung wär ziemlich merde

Und deshalb ist nun mein Entschluss,
dass was gecancelt werden muss
Weihnachtsfeier mit 2G,
ein Durchbruch täte mir sehr weh

Ich bin halt Risiko-Patient,
was mich von Feier-Laune trennt
Das heißt, am Samstag muss ich passen,
und die Weihnachtsparty lassen

Das wäre unnötiger Kontakt,
ich find das trotzdem voll beknackt
Ich habe keine andre Wahl,
das ist voll kacke, echt, total!

Dann mach ich halt das beste draus,
und bleib am Samstagabend zu Haus
Das Beste, was ich machen kann:
ich seh mir abends Pauli an

(Der beste Club auf dieser Welt,
und jeder Spieler ist ein Held!!!)
Das wird dann *meine* Weihnachtsfeier,
mit Bier und hoffentlich nem Dreier

Ein Fußballabend in voller Länge,
da schlag ich nicht über die Stränge
Aber trotzdem, es ist nicht schön,
die Marathonis nicht zu sehn

Da bleib ich lieber mal vernünftig,
und *nächstes* Jahr wird's wieder zünftig (-:

Fair geht vor am Millerntor

Nicht nur die Spieler sind erstklassig,
auch unsere Fans, und das mal massig
Das Stadion war nicht ausverkauft,
und es taten sich Lücken auf

5.000 Fans nahmen sich ne Pause
und blieben mit Karte mal zu Hause

Nikolaus

Das war heute Morgen in meinem Stiefel:

1	St. Pauli	16	11	2	3	36	19	17	35	✓✓✓✗⊖
2	Darmstadt 98	16	9	2	5	38	20	18	29	✗✓✓✓✓
3	Jahn Regens…	16	8	4	4	33	23	10	28	✓✓✗✓✓
4	SC Paderborn	16	7	6	3	30	18	12	27	⊖⊖⊖✓✓
5	FCN	16	7	6	3	23	16	7	27	✓✗✓✗✗
6	Heidenheim	16	8	3	5	19	20	-1	27	✓✓✓✗✓
7	HSV	16	6	8	2	27	17	10	26	✗✓✓⊖⊖
8	Schalke	16	8	2	6	29	21	8	26	✗✓⊖✗✗
9	Werder Bremen	16	6	5	5	25	22	3	23	✓✗⊖✓⊖
10	KSC	16	5	6	5	26	24	2	21	✗✓⊖✗✗
11	Düsseldorf	16	5	4	7	22	23	-1	19	✓✗✗⊖✗
12	Dynamo	16	6	1	9	19	22	-3	19	✓✗✓✗✗
13	Hansa Rostock	16	5	4	7	19	26	-7	19	⊖⊖✓✓✓
14	Holstein	16	4	5	7	18	28	-10	17	✗✗✓✓⊖
15	Hannover 96	16	4	5	7	11	22	-11	17	✓✗⊖⊖⊖
16	FC Erzgebirge	16	3	5	8	14	26	-12	14	✗✗✓✓⊖
17	SV Sandhausen	16	3	4	9	17	34	-17	13	⊖✗✗✗✓
18	Ingolstadt	16	1	4	11	10	35	-25	7	⊖✗⊖✗✗

17. Spieltag
Düsseldorf : St. Pauli (1:1)

Pauli – Ein Fußballmärchen

Vor gerade genau einem Jahr.
da waren wir dem Abstieg nah,
als Pauli-Fan war man entsetzt
Burgstaller war langzeitverletzt

Und irgendwann gab's wieder Glück,
und Burgi, der kam auch zurück
Und dann, in einem kurzen Jährchen,
entstand *Pauli – Das Fußballmärchen*

Dann ging es plötzlich nur noch steil,
und das war so megageil!
Alle Rekorde eingestellt,
der beste Fußball auf der Welt

Zu Haus gewinnen wir jedes Spiel
(für einen Fan schon fast zu viel (-;)
Pauli kämpft um jeden Ball,
ist überlegen, überall

Und ab und an kommt für die Kämpfer,
ne Niederlage, ein kleiner Dämpfer
Und (wann haben wir damit begonnen?)
danach wird dann einfach gewonnen

Die beste 2. aller Zeiten
führen wir an, mit wenig Pleiten
Aber dafür mit ganz viel Siegen,
wir werden der Schrecken aller Ligen (-;

Die Hinrunde ist nun Geschichte,
das waren ganz schön viel Gedichte
Ein Glück: ich bin dabei gewesen,
und werd das Buch wohl öfter lesen

Ich werd mich immer wieder fragen,
und kann doch nie die Antwort sagen:
Was war das für ein Pauli-Jahr?
So göttlich und so wunderbar!

Der Fußballgott macht sich nicht rar,
und Märchen werden auch mal wahr!

Was Heiliges, an dieser Stelle,
das ist die Hinrundentabelle:

1	St. Pauli	17	11	3	3	37	20	17	36		🟢🟢🟢🔴
2	Darmstadt 98	17	10	2	5	39	20	19	32		🟢🟢🟢🟢
3	HSV	17	7	8	2	30	17	13	29		🔴🟢🟢
4	Schalke	17	9	2	6	33	22	11	29		🟢🔴🟢🔴
5	Jahn Regens..	17	8	4	5	35	26	9	28		🔴🔴🟢🔴🔴
6	SC Paderborn	17	7	6	4	30	19	11	27		🔴🟢
7	FCN	17	7	6	4	24	20	4	27		🟢🟢🟢🟢🔴
8	Heidenheim	17	8	3	6	21	23	-2	27		🔴🟢🟢🟢🔴
9	Werder Bremen	17	7	5	5	28	24	4	26		🟢🟢🔴
10	KSC	17	6	6	5	29	26	3	24		🟢🔴
11	Dynamo	17	7	1	9	20	22	-2	22		🟢🟢🟢🔴
12	Düsseldorf	17	5	5	7	23	24	-1	20		🔴🔴
13	Hannover 96	17	5	5	7	13	23	-10	20		🟢🟢🔴
14	Hansa Rostock	17	5	4	8	19	29	-10	19		🔴🔴🟢
15	Holstein	17	4	6	7	20	30	-10	18		🔴🟢🔴🟢
16	FC Erzgebirge	17	3	5	9	14	27	-13	14		🔴🔴🔴🟢🟢
17	SV Sandhausen	17	3	5	9	19	36	-17	14		🔴🔴
18	Ingolstadt	17	1	4	12	11	37	-26	7		🔴🔴🔴

Letzte 5 Spiele
🟢 Sieg

Inhaltsverzeichnis

Oktober (Fortsetzung)

November

Dezember

Kommerz...!

Manch einer, der ist jetzt geschockt,
denn es folgt noch der Werbeblock...

Mein erstes Buch mit Fan-Gedichten rund um den FC St. Pauli. (eBook 4,49 €, Buch 6,90 €)

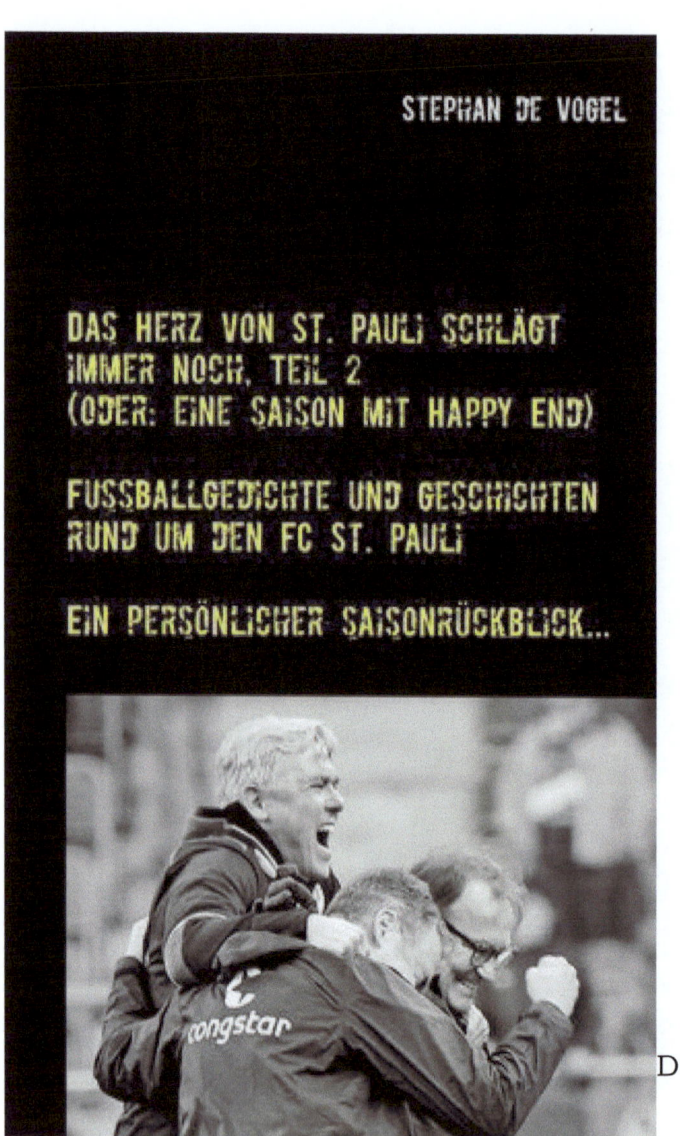

STEPHAN DE VOGEL

DAS HERZ VON ST. PAULI SCHLÄGT
IMMER NOCH, TEIL 2
(ODER: EINE SAISON MIT HAPPY END)

FUSSBALLGEDICHTE UND GESCHICHTEN
RUND UM DEN FC ST. PAULI

EIN PERSÖNLICHER SAISONRÜCKBLICK...

D

Das war die Nr. 2, vom Preis her etwas kleiner.
(eBook 2,49 €, Buch 5 €)

Stephan de Vogel

Eine Chronologie in Worten - Über das Leben und Leiden mit dem FC St. Pauli

Neue Fan-Gedichte

U

Und das war die Nr. 3 (gebunden 18,99 €). Von diesem Buch gibt es eine überarbeitete Neuauflage im Taschenbuchformat. (eBook 6,99 €, Buch 9 €)

Tj

Tja, und das hier ist der 1. Teil meines dichterischen Saisonrückblicks einer unvergesslichen Zweitligasaison des magischen FC St. Pauli... (Taschenbuch 4,99 €, eBook 2,99 €)

Und ein kleines Drama – ohne Happy End – habe ich auch noch dichterisch begleiten dürfen. (Taschenbuch 5,99€, eBook 3,49 €)

Angaben zum Autor

Stephan de Vogel, 55 Jahre alt. Ich lebe und arbeite in Hamburg.

Seit über 30 Jahren bin ich Fan des FC St. Pauli und gehe zu den Heimspielen am Millerntor. Seit 2005 habe ich eine Lebenslange Dauerkarte beim FC. Die zu bekommen, war fast so schön wie ein Sechser im Lotto.

Seit mehr als drei Jahrzehnten schreibe ich Fußball-Gedichte, speziell über den besten Verein des bekannten Universums..

Außerdem bin ich Mitglied im heiligen FCSP, in der Marathon-Abteilung. 8 Jahre lang war ich kickender Abteilungstorwart der Marathonis. Jetzt bin ich, verletzungsbedingt, „nur" noch Abteilungs-Poet und Freizeitläufer. Aber wenn die Augen irgendwann wieder in Ordnung sind, werde ich vermutlich wieder meinen Platz zwischen den Pfosten einnehmen...

Pandemiebedingt und wegen Vorerkrankung sehe ich die meisten Spiele leider nicht mehr live im Stadion, sondern nur noch bei Sky im TV.